성공을 부르는 인간관계 법칙 90

성공을 부르는 인간관계 법칙 90

1판 1쇄 발행 2007년 7월 15일
1판 14쇄 발행 2016년 8월 10일

지은이 | 로버트 슐러
펴낸이 | 이현순
엮은이 | 김주영
디자인 | 정원미

펴낸곳 | 백만문화사
서울시 마포구 독막로 28길 34 (신수동)
Tel 02)-325-5176 Fax 02)-323-7633
신고번호 | 제 2013-000126호

이메일 | bmbooks@naver.com
홈페이지 | http://bm-books.com

Translation Copyright© 2009 by BAEKMAN Publishing Co.
Printed & Manufactures in Seoul Korea

ISBN 978-89-85382-81-0(03320)
값 9,000원

*무단 전재 및 복제는 금합니다.
*잘못된 책은 바꾸어 드립니다.

성공을 부르는 인간관계 법칙 *90

로버트 슐러 지음 | 김주영 엮음

| 머 리 말 |

2007년의 키워드는 단연 '성공'이다. 성공은 비단 2007년만의 키워드가 아니라 인간이 사회 생활을 시작하면서 누구나 바라고 염원하는 것이다.

성공을 이루는 데 가장 크고 중요한 요인은 인간관계이다.

하버드 대학, 카네기 재단 등 세계적으로 유명한 대학과 연구기관에서 조사한 바에 따르면 인간관계의 능력이 성공 요인의 85%를 차지했다. 그 밖의 기술이나 관리 능력 등은 15%에 지나지 않았다. 자기 분야에서 성공한 사람들이 가장 중요하게 생각한 것도 바로 인간관계였다.

이런 조사의 결과를 들지 않더라도 우리 주위에서 성공한 사람들이나 세계적으로 각 분야에서 뛰어난 업적을 남긴 사람들은 거의가 인간관계에서 뛰어난 능력과 비결을 가지고 있었다. 반면 사업에서 실패한 사람들이나 직장에서 적응하지 못하여 사직을 한 사람들의 대부분은 인간관계에서 실패한 것이 근본적인 원인으로 밝혀졌다.

인간관계는 그만큼 우리들이 성공하느냐 실패하느냐의 중요한 요소가 되는 것이다. 오늘날 사회가 복잡해지고 다양화되면서 더욱더 인간관계가 중요한 사항이 되고 있다.

본서는 우리가 모두 상식적으로 알고 있으면서도 제대로 깨닫지 못한 중요한 인간관계의 법칙을 제시하였다. 중요한 것은 알고 있는 것만으로 부족하다. 실천이 무엇보다도 필요하다.

독자들은 본서의 법칙들을 잘 활용하여 자신들이 속한 사회와 가정에서 성공하여 행복을 누리기를 바라는 마음 간절하다.

| 차 례 |

Departure 출발
성공적인 인간관계를 위한 시발점

I 올바른 인간관계의 의미
   01 성공과 행복의 열쇠, 인간관계 • 13
   02 인간관계 때문에 괴로워하는가? • 15
   03 인간관계의 시행착오를 두려워하지 말라 • 17
   04 참다운 인간관계는 공감하는 것이다 • 19
   05 인간관계는 깨달음의 과정이다 • 21
   06 참된 애정이야말로 모든 인간관계의 기본 • 23
   07 인간관계란 납득하는 것이다 • 25
   08 괴로워할 때의 위로가 인간관계의 기틀 • 27

II 올바른 인간관계의 본질
   09 먼저 자신의 단점부터 안다 • 31
   10 남을 싫어하는 사람은 그만큼 결점이 많은 사람이다 • 33
   11 내 마음에 들지 않는다는 것은 남의 마음에도 들지 않는 것이다 • 35
   12 남으로부터 평가를 받는 순간 고통을 느낀다 • 37
   13 나를 미워하지 않을까 걱정하지 않는다 • 39
   14 자존심을 사랑해줄 사람은 없다 • 41
   15 부드러움이 강함을 이긴다 • 43

Manner 자세
성공적인 인간관계를 위한 자세

III 참된 인간관계의 기본
   16 주는 자는 받을 것이오 빼앗는 자는 빼앗긴다 • 49
   17 그들을 욕하지 말라 • 51
   18 인간관계에서의 동류 반응의 법칙 • 53
   19 유쾌한 인간이 되자 • 55
   20 물 흐르듯이 자연스럽게 • 57

| 차 례 |

21 인생을 재주만으로 살려고 하지 않는다 • 59
22 인간관계의 다섯 가지 계율 • 61
23 상대방이 갈망하는 것을 안다 • 63
24 자신의 잘못부터 살핀다 • 65
25 사랑을 받기 원하면 먼저 사랑하라 • 69

Ⅳ 인간관계의 올바른 자세
26 타인의 협력을 얻으려면 • 71
27 상대방의 말에 귀를 기울여라 • 73
28 유머와 미소를 잃지 않도록 • 76
29 적극적으로 대한다 • 78
30 이끌리는 사람의 매력 • 80
31 상대의 심리를 읽어라 • 82
32 미소는 호의를 가지고 있다는 표시 • 85
33 상대방의 잘못을 추궁하지 말라 • 87
34 유유상종의 의미를 알라 • 89

Vocation 직장
직장에서의 인간관계

Ⅴ 직장에서의 올바른 자세
35 입이 무거워야 한다 • 93
36 진심은 진심을 불러온다 • 95
37 기쁜 일일수록 떠들고 자랑하지 않는다 • 97
38 감정을 절제할 줄 안다 • 99
39 그늘에서 남을 헐뜯지 않는다 • 101
40 조직이 갖는 마력에 취하지 않는다 • 103
41 꽉 막힌 정의파가 되지 말라 • 105
42 경영자가 요구하는 인재상 • 107
43 여성상사와의 올바른 인간관계 • 110

| 차 례 |

Ⅵ 'NO' 라고 말하는 용기
   44 'NO' 라고 말할 수 있는 사람이 되자 • 115
   45 'NO' 라고 말하지 못하는 행동 패턴 • 117
   46 'NO' 를 말하지 않는 죄 'NO' 를 듣지 않는 죄 • 120
   47 부하 직원의 'NO' 를 무시하는 상사 • 122
   48 'NO' 라고 했을 때 일어날 상황을 두려워 말라 • 124
   49 가치관이 분명할 때 'NO' 라고 말한다 • 129
   50 'NO' 라고 말하기가 쉬운 일이 아니다 • 131
   51 불운에 대하여 'NO' 하라 • 133
   52 'NO' 하지 못한 사람이 뒷공론한다 • 137
   53 사장에게 'NO' 라고 말할 수 있는 용기 • 141
   54 동의하지 않는 기술을 연마하라 • 144
   55 상대방의 의견과 합치되는 부분부터 말한다 • 145
   56 상대방의 프라이드도 고려한다 • 147

Family 가정
가정에서의 인간관계

Ⅶ 가정에서의 기본자세
   57 상대방에 대한 요구 수준을 조절하라 • 151
   58 자기 변혁이야말로 적응의 비결 • 153
   59 불타는 열의를 갖게 한다 • 155
   60 상대방을 인정하라 • 157
   61 행복한 결혼과 불행한 결혼의 차이점 • 159
   62 결혼 생활에 성공하는 방법 • 161
   63 역반응의 법칙을 활용하라 • 163
   64 깊은 애정은 큰 힘으로 작용한다 • 165

Ⅷ 가정에서의 대화의 중요성
   65 말솜씨가 부부간의 말다툼의 중요 원인이다 • 171
   66 경우에 합당한 말을 한다 • 173

| 차 례 |

67 긍정적인 말로 요구한다 • 175
68 상스러운 말이나 비난하는 말은 않는다 • 177
69 상대방의 말을 끝까지 들어보고 자기 의견을 말하자 • 179
70 인내심을 가져라 • 180
71 지지 않기 위하여 다툼을 계속해서는 안 된다 • 182
72 '헤어지자'는 말은 절대 하지 말라 • 184
73 돈 문제는 서로 상의한다 • 185
74 상대의 마음을 상하게 했다면 진심으로 사과하라 • 187
75 한 사람의 노력으로도 다툼은 피할 수 있다 • 189
76 기분 좋을 때를 택한다 • 190
77 대화를 잘하는 부부는 다툼이 적다 • 192
78 자신의 마음을 들여다보자 • 194

Perfection 완성
성공적인 인간관계를 위한 마무리

IX 이끌리는 사람이 되자
79 원숙미가 몸에 배게 하라 • 199
80 눈앞의 이익에 집착하지 말라 • 202
81 단순한 합리주의자가 되지 말라 • 204
82 선인, 악인으로 단정하지 말라 • 207
83 인사는 인간관계를 부드럽게 하는 윤활유 • 209
84 애정 어린 목소리로 상대방을 부른다 • 212
85 강요에 못이겨 이룬 성취는 반드시 무너진다 • 215
86 조건없이 친절하라 • 217
87 답변에는 사이를 두라 • 219
88 감상이 아닌 의견을 말하라 • 222
89 인간은 격려받아야 능력을 발휘한다 • 224
90 자네는 내일부터라도 팀장의 일을 할 수 있겠나? • 226

1

Departure 출발 | 성공적인 인간관계를 위한 시발점

올바른 인간관계의 의미

인간관계에서 성공하기 위해서는
인간관계에 대한 올바른 의미를 깨닫는 일부터 선행되어야 한다

성공을 부르는 인간관계 법칙 01

성공과 행복의 열쇠, 인간관계

우리들은 누구나가 인생에 있어 두 가지 것, 즉 성공과 행복을 바라며 살고 있다. 누군들 성공하고 싶지 않은 사람이 있겠으며, 또 누군들 행복을 바라지 않는 사람이 있겠는가.

무릇 성공과 행복을 얻기 위해서는, 의사든 사업가든 변호사든 세일즈맨이든 샐러리맨이든 남자든 여자든, 인간이면 누구나가 여기에 대처하는 방법을 습득하지 않으면 안 될 절대 요인이 있다.

이 성공과 행복에의 공통분모란 다름 아닌 타인들과의 관계, 즉 인간관계이다.

수많은 과학적 연구의 결과, 대인 관계의 방법만 습득한다면 어떠한 직업에 있어서나 그 성공률은 85%, 개인의 행복은 99% 약속된다는 사실이 증명되고 있다.

일찍이 미국의 카네기 공과대학에서는 1만 명의 기록을 조사한 바 있다. 그 결과 기술적 훈련이나 두뇌 및 숙련은 성공 요인의 15%에 지나지 않는 데 비해 개성적 요인, 즉 뛰어난 대인 관계의 능력은 성공 요인의 85%를 상회한다는 결론을 얻었다.

하버드 대학 직업 지도부의 조사를 보자.

이에 의하면 직장에서 해고 당한 수천 명의 남녀 중 대인 관계의 서투름이 원인이 된 사람의 수가 직무 수행상에 비해 2배 가량 더 많았다.

세계가 한 나라처럼 되어 가고 있으며, 우리들의 경제생활 또한 점점 복잡화, 전문화되어 감에 따라 타인은 점점 더 중요한 존재가 되어 가고 있다.

바라든 바라지 않든 간에 우리는 타인들에 둘러싸여 있다.

타인을 계산에 넣지 않고서는 이 현대 사회에서 성공이나 행복을 바랄 수 없는 것이다.

사업가든 샐러리맨이든 세일즈맨이든, 남보다 성공한 자가 반드시 남보다 머리가 좋고 남보다 뛰어난 기술을 지니고 있다고 할 수는 없다.

가장 비싸게 팔리는 사람이 가장 현명하고 가장 미인이어서가 아니다. 행복에 빠져 있는 부부가 남성적 매력에 넘치는 남자와 미스코리아 같은 미녀의 결합이어서가 아닌 것처럼 말이다.

<u>성공을 이룩한 사람들은 사람을 다루는 방법을 터득하고 이를 활용하고 있다는 이 절대적인 명제에 주목하지 않으면 안 된다.</u>

성공을 부르는 인간관계 법칙 02

인간관계 때문에 괴로워하는가?

인간관계로 속을 태우는 사람은 정말 많지만, 실제 그 문제에 대해서 진지하게 고민하는 사람은 전체의 10%에 지나지 않는다. 나머지 90%는 말로만 고민한다.

인간관계에 대해서 진실하게 고민하는 10%의 사람은 다른 사람을 사랑하고 싶지만 사랑할 수 없어서, 교제를 하고 싶은데 그러지 못해서 괴로워한다. 사실 이렇게 괴로워하는 이유는 우리에게 '나' 아닌 다른 사람을 사랑할 욕구와 능력이 있기 때문이다. 그런 욕구와 능력이 아예 없는 사람은 인간관계 때문에 고민하고 애태우지 않는다. 애당초 다른 사람과 원만하게 지내려는 의욕이 없기 때문이다.

인간관계로 인한 고민의 메커니즘은 이렇게 말할 수 있다.

누구나 사랑할 능력치를 100% 가지고 있다. 다만 그것을 제대로 활용하지 못한다. 겨우 10%만 활용할 뿐이고 나머지 90%는 당신이 알지 못하는 당신 마음속에 잠자고 있다. 이제 그 잠자는 능력을 깨워 활용해야 한다.

사랑하고 싶지만 사랑할 수 없어서 하는 고민, 얼마나 멋진 고민인가? 우선 그런 고민을 하고 있는 자기 자신에 대해서 긍지를 갖자. 고민을 시작했다면 사람을 사랑할 수 있도록 태어난 것에 대해 감사하자. 당신에겐 남들이 체험하지 못한 것을 느끼고 기쁨과 감동을 맛보는 능력이 있으니 얼마나 감사한 일인가. 그 능력으로 인해 두 배나 아픈 상처를 느낄 수도 있지만, 남들보다 몇 배 더 즐거운 기쁨과 감동을 맛볼 수도 있지 않은가.

고민이 많은 사람은 남들보다 열 배 아니 백 배 되는 기쁨을 맞이할 준비를 하는 사람이다.

고민이란, 더 행복해지라는 하늘의 메시지이다. 미래를 믿고 자신을 믿고 사람을 믿고 그리고 노력하면 언젠가는 반드시 원하는 삶을 이룬다. 믿지 않고 노력하지 않으면 열매가 없지만, 믿고 노력하면 반드시 열매가 열린다.

이런 점에서 세상은 참으로 공평하다.

성공적인 인간관계를 갖기 위해 고민하라.

성공을 부르는 인간관계 법칙 03

인간관계의 시행착오를 두려워하지 말라

퇴근길 현관문을 열고 들어오는데 집안 분위기가 냉랭하다. 어머니와 아내가 또 싸운 듯하다. '또 무슨 일로 싸웠을까?' 자신도 모르게 한숨이 새어나온다. 나를 본 아내는 "당신 어머니가……."라는 말을 시작으로 화풀이를 나에게 쏟아댄다. 순간 화가 치솟는다. "당신이 그러니까……."로 시작하는 내 말에 아내는 서운함을 느끼며 팽 하고 돌아선다. 아내는 자기 편을 들어주지 않아 많이 서운했을 것이다. 그렇다고 어머니 편을 드는 것도 아니다. 누구의 편도 들 수 없다. 어머니 방문을 조심스럽게 연다. 어머니는 눈물까지 글썽거리며 "이 년의 팔자가 기구해서 며느리한테까지……."로 시작되는 하소연을 한다. 퇴근할 때면 늘 마음이 조마조마하다. 오늘은 또 무슨 일이 벌어졌을까? 무엇 때문에 다투고 있을까? 늘 마음이 불안하다. 방법이 보이지 않는다…….

고부 갈등으로 괴로워하는 어떤 사람이 들려준 사연이다.

고부 갈등과 같은 문제를 해결하는 건 무척 어려운 일이다. 인간관계란

위의 예에서 든 고부 갈등처럼 풀기 어려운 숙제들로 첩첩이 쌓여 있다. 노력을 해보지만 상황은 점점 안 좋게 흘러갈 때도 많다. 이런 노력이 실패로 끝나고 저런 노력이 또 실패로 끝난다. 그렇다고 포기해서는 안 된다.

다케히코 이노우에의 만화 〈슬램덩크〉를 보면 농구를 포기하려는 정대만에게 안 선생이 농구공을 집어주면서 이런 말을 한다. "포기하는 순간 그 때가 끝이에요."

<u>가정을 지키고 조직 사회에서 이겨 나가려면 아무리 어려운 인간관계라도 포기해서는 안 된다.</u>

그것이 가정처럼, 회사처럼 자기의 행복과 직결되는 경우에는 더욱 그렇다. 인간관계에서 시행착오는 부지기수다. 의도와는 전혀 다르게 상대방의 오해를 샀을 수도 있고, 화를 내서는 안 되는 순간에 화를 참지 못하는 경우도 많다. 시행착오를 통해 더 나은 인간관계를 엮어 나갈 수 있는 방법을 배워라.

포기하지 않는다면 결코 끝나는 게 아니다.

성공을 부르는 인간관계 법칙 04

참다운 인간관계는 공감하는 것이다

인간관계의 기본은 위로가 아니라 격려를 주고받는 것이다.

동정과 공감은 엄연히 다르다. 동정은 은근히 얕보는 듯한 마음을 갖고 있지만, 공감은 서로 대등한 입장에서 서로 격려하는 것이다. 격려를 주고받는 관계인가 아닌가가 인간관계에서 중요하다.

인간관계에서 나도 기쁘고 너도 기쁘게 하는 관계의 법칙은 바로 서로 격려하는 관계이다. 그런데 주의해야 할 것이 있다. 자신의 상처를 하소연하듯 널리 알리고 싶은 사람이 있는데, 자칫하면 공감이나 격려보다는 상대에게 좋지 않은 상처를 드러내게 되고 동정하는 관계로 치우치게 되기 쉽다.

당신을 진정으로 격려할 수 있는 사람은 당신을 이해하는 사람이다. 그 사람의 마음이 따뜻하지 않다면 당신을 격려할 수가 없는 것이다. 그런 사람이 당신 주위에 있다면 이미 그것만으로도 당신은 성공한 사람이고 행복한 사람이다.

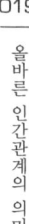
올바른 인간관계의 의미

그러나 우리는 진정한 행복이 무엇인지 모르기 때문에 그런 사람이 얼마나 고마운지 모른다. 그래서 그런 사람을 무심하게 대하거나 멀리한다.

감사할 줄 모르는 사람이 바로 그런 사람이다. 버리고 나서 잃어버리고 나서야 '음, 뭔가 허전한데…….' 하고 느끼지만, 누구를 소홀하게 대해서 그런지 깨닫지 못한다. 그걸 모르고 오히려 자신을 맥 빠지게 하는 사람만 소중하게 여기는 탓에 불행에서 벗어나지 못한다.

이런 사람은 타인에게 감사할 줄 모르는 사람이다. 또 누구를 존경할 줄도 모른다.

사심없는 마음으로 자신을 대하는 사람에게 진정으로 감사할 줄 아는 사람은 좋은 인생을 살 수 있다.

얼마 전에 끝난 텔레비전 드라마 〈하얀거탑〉에 보면 이런 대사가 나온다. "김 과장 등 호칭이 아닌 네 이름을 불러주는 사람은 네가 정말 아껴야 될 사람들이야. 평생을 같이 갈 사람들이야. 그들은 너를 사심없이 있는 그대로 볼 줄 아는 사람들이거든."

주위에 내 이름을 불러주는 사람들이 몇 명이나 있는지, 그들과의 관계는 어떤지 한번 곰곰이 생각해 보자.

성공을 부르는 인간관계 법칙 05

인간관계는 깨달음의 과정이다

깨닫지 못한 사람일수록 깨달았다고 말하고 싶어한다. 정말로 깨달은 현명한 사람은 결코 깨달았다고 말하지 않는다. 오히려 아직 멀었다고 말한다. 겸손을 가장하여 그렇게 말하는 것이 아니고 진심으로 아직 깨닫지 못했다고 생각하고 있으므로 그렇게 말하는 것이다.

왜냐하면 하나를 깨달으면 깨달아야 할 것이 두 가지가 더 보이기 때문이다. 둘을 깨달으면 넷이 보인다. 그러므로 깨달았다고 단정짓기에는 아직 이르다고 생각하고 언제나 겸손한 태도를 취한다. 그런 사람은 다양한 사람들에게서 여러 가지 가르침을 받으려고 한다. 그리하여 더 많은 것을 배우고 깨닫는다.

이것은 인간관계에만 국한된 것이 아니라 학문 연구에도 마찬가지다. 하나의 발견이 있으면 두 개의 수수께끼가 태어난다. 두 가지 진실을 이해하면 알고 싶은 것 세 가지가 꿈틀거린다. 그런데 우주의 진리를 모르는 사람은 조금 공부한 것만으로 아는 것처럼 거들먹거린다. 또한 자기 자신을 잘 모르는 사람일수록 약간의 깨달음에 도취되어 인생의 모든 것을 아는 것처럼 생각한다.

그리하여 더 이상 깨달을 필요도, 공부할 필요도 없다고 여긴다. 사람은 사고思考를 정지한 순간부터 우쭐해지는 법이다. 아무것도 깨닫지 못했음을 알지 못하고 오히려 자신은 큰 깨달음을 얻었다고 자랑스럽게 떠벌인다. 이것은 마치 유치원 아이가 떠들고 있는 것과 같다. 우스꽝스럽기 짝이 없지만, 우쭐한 기분에 자신이 부끄러운 짓을 하고 있는지조차 모른다.

이런 사람은 우화에 나오는 벌거벗은 임금님과 똑같은 사람이라고 할 수 있다. 부끄러운 행동을 하고 있는 사람일수록 자신이 부끄러운 행동을 하고 있다는 자각이 없기 마련이다. 이런 사람은 인간관계에서 실패한다.

성공을 부르는 인간관계 법칙 06

참된 애정이야말로
모든 인간관계의 기본

대부분의 상사는 좀처럼 부하를 칭찬하지 않는다. 칭찬해 줄만한 점이 있어야 칭찬해 주지 않겠느냐고 그들은 반문할 것이다.

그러나 그래서는 안 된다.

자기를 기준으로 해서 부하를 보기 때문에 칭찬할 만한 점이 없는 것이다. 어떠한 사람에게나 단점이 있듯이 반드시 장점 또한 있는 법이다.

결점도 알아야 할 것이다. 그러나 그보다 먼저 장점을 발견해라. 덤불 속을 뒤지듯, 본인조차 미처 깨닫지 못한 장점을 찾아내고 이렇게 말하라.

"너에게는 그런 장점이 있어."

"이 점이 자네의 장점일세."

누구에게나 우월감이 있고 우월하고 싶다는 마음이 건강하게 작용할 경우, 본인의 성장에 굉장한 플러스를 가져온다.

누구나 가지고 있는 이 우월감을 자극해 줘라.

부하는 인정받았다는 기쁨에 놀랄 만큼 강력한 에너지를 발휘하게 된다. 부하직원에 대한 이러한 애정이야말로 참된 인간관계의 바탕을 이루는 것이다.

영국의 수상이었던 디즈레일리 Benjamin Disraeli 1804~1881 는 35세까지 독신으로 있다가 어느 돈 많은 미망인과 결혼했다. 그녀는 남편보다 무려 15살이나 위였으며, 머리는 벌써 희끗희끗해져 있었다. 디즈레일리가 선택한 미망인은 늙었을 뿐 아니라 미인도 아니었으며 그렇다고 머리가 좋은 것도 아니었다. 문학이나 역사에 관한 지식도 없었고, 남이 들으면 웃음이 터져 나올 터무니없는 소리도 태연히 말하는 그런 여자였다. 복장이나 가구, 실내 장식의 취미도 고상하지 못했다.

그러나 그녀는 결혼 생활에서 가장 중요한 것, 남편 조종술을 터득하고 있었다.

그녀는 남편의 지능과 지식에 맞서 보겠다는 따위의 생각은 추호도 하지 않았다. 대신 남편이 들어 위안이 되는 편안한 말만 했다. 이런저런 정치 활동으로 지쳐 돌아오는 디즈레일리에게 아내의 편안하고 어리숙한 이야기는 더할 나위 없는 즐거움이었고 행복이었다.

그녀는 30년간 싫증도 내지 않고 남편 이야기만 하고, 남편을 침이 마르도록 칭찬했다. 그 결과 디즈레일리로 하여금 기회만 있으면 여러 사람 앞에서 아내야말로 자기 목숨보다도 더 귀중한 존재라고 말할 수 있게 했던 것이다.

성공을 부르는 인간관계 법칙 07

인간관계란 납득하는 것이다

윗사람으로부터 일방적인 명령을 받으면 대부분의 부하 직원들은 싫어한다. 어쩔 수 없이 명령을 실행하긴 하지만 진심으로 협력하려는 마음을 갖지 않는 사람들도 많다.

<u>따라서 사람을 다룰 때는 일방적인 명령보다 제안이나 질문 형식을 취하는 것이 훨씬 효과적이다.</u>

미국의 제너럴 일렉트릭사의 오웬 사장은 부하 직원에게 한 번도 명령하는 일이 없는 것으로 정평 나 있다. 그는 부하에게 무엇을 지시할 때는 제안이나 질문조로 말한다.

"이렇게 하면 어떨까요?"

"토요일까지 보고를 받았으면 하는데 괜찮을까요?"

이러한 태도로 인하여 종업원들은 사장의 명령을 받고 일한다고 느끼지 않고 사장과 함께 일하고 있다는 마음을 갖게 되는 것이다.

'경영이란 납득이다' 라고 미국 유명한 경영인이 말한 바 있다. 강요나

억누름, 명령으로 부하 직원을 다루는 시대는 지나갔다.

이제는 납득을 시킨 다음에 함께 일하고 있다는 자세로 부하직원을 대하지 않으면 안 된다.

사람은 누구나 자기 나름대로 이렇게 해야 한다는 생각이 있고, 다른 사람으로부터 강요받기보다는 자율적으로 일하고 싶어한다. 억지로 하는 일에는 열정이 생겨나지 않는다.

어쩔 수 없이 한다는 생각이 들지 않도록 하자. 그렇게 하지 않고서는 마음속으로 우러나는 참다운 협력을 기대할 수 없다.

부하 직원들에게 열정이 보이지 않는다면, 혹은 반발하는 기운이 느껴진다면 상사로서 다시 진지하게 문제를 생각해야 한다.

나는 좋은 방법이라고 생각하는데 다른 사람들은 그렇지 않은가 보다. 내 생각에 잘못이 있는 것이 아닌가? 하고 생각해야 한다. 오히려 자신의 권위를 지키기 위해 반발을 억눌러 버리는 것은 가장 졸렬한 방법이다.

대화의 문을 열어 놓으면 공감도 하고, 경우에 따라서는 자신이 미처 생각하지 못한 것을 지적해주는 사람도 나오게 마련이다.

이런 방법이야말로 약한 것처럼 보이지만 강한 것이요, 늦어지는 것 같지만 가장 빠른 인간관계의 기본인 것이다.

성공을 부르는 인간관계 법칙 08

괴로워할 때의 위로가
인간관계의 기틀

몇주 째 감기를 달고 다녀서 다시 병원에 갔다. 의사 선생이 푹 쉬라고 한다. 감기는 푹 쉬는 게 가장 좋다고……. '그걸 누가 모르나. 일이 바쁜데 어떻게 푹 쉬나요?' 라고 생각하는데 의사 선생이 한 마디 더 덧붙인다. 스트레스가 많아 보이니 이틀 정도 일에서 벗어나 마음의 여유를 갖는 게 좋겠다는 것이다. 요즘 가정과 의사 선생들은 정신과 치료까지 병행하는지는 잘 모르겠지만 스트레스라는 단어를 듣는 순간 가슴이 뜨끔했다.

요즘 이런저런 일로 스트레스가 많았던 게 사실이다. "인간관계를 잘 해야 한다. 스트레스에서 벗어나라." 고 말하고 있지만 정작 필자 자신은 스트레스 때문에 감기도 잘 낫지 않고 있다.

조직 생활을 하면서 스트레스를 받지 않기란 불가능하다. 특히 중간 간부의 자리에 있으면 위 아래로 떨어지고 올라오는 스트레스에 온몸이 휘청거릴 정도다.

더욱이 일상적 스트레스가 아니라 자신을 경멸하는 태도를 보았을 때,

자신을 오해하는 목소리를 들었을 때, 또한 여러 사람 앞에서 모욕을 당했을 때의 마음의 상처는 깊고도 심각한 것이다. 당한 사람은 입술을 깨물면서 분노에 떨고 잠 못 이루는 많은 밤을 지새우게 될 것이다.

이런 고뇌가 얼마나 그들의 건강을 해치는가는 상상을 초월한다. 격노하면 곧바로 몸 안의 피는 모두 새까맣게 탁해진다고 한다.

힘들다. 사는 게 다 힘들다. 어디 힘들지 않은 사람 있겠는가? 어디 괴롭지 않은 사람 있겠는가? 이럴 때일수록 마음의 안정을 찾고 평정을 유지할 수 있어야 한다. 괴로움을 오래 끌지 말자. 그래봤자 자기만 손해다. 그리고 남의 괴로움을 못본 척 하지 말자. 중간 간부라면 오지랖도 넓어야 한다. 그래야 인정을 받는다.

<u>참다운 인간관계는 괴로워하는 사람을 위로하고 그들의 아픔을 자기의 아픔처럼 아는 따스한 인정에서 생겨나는 것이다.</u>

어떤 때를 막론하고 현명한 사고와 무익한 사고의 차이는 다음과 같다.

즉 현명한 사고는 원인과 결과를 다루며, 논리적이고 건설적인 계획과 통한다. 그러나 무익한 사고는 이미 엎질러져 버린 물의 가치만을 생각하는 것이며, 그 결과는 항상 긴장과 쓸데없는 방황과 신경 쇠약을 가져올 뿐이다.

Departure 출발 | 성공적인 인간관계를 위한 시발점

올바른 인간관계의 본질

인간관계의 본질은 사람들을 대하는
자신의 사고에 대한 점검에서부터 출발한다

성공을 부르는 인간관계 법칙 09

먼저 자신의 단점부터 안다

사람은 누구나 스스로를 가치 있는 사람, 특별한 사람이라고 생각하고 싶어 한다. 아무짝에도 쓸모없는 사람이라고 생각하는 사람은 없다. 그 때문에 다른 사람들보다 한 단계 더 높은 길을 가려고 노력한다. 열등감의 반작용으로 자부심과 자존심이 생기는 것이다.

일본 불교 천태종의 창시자인 사이초最澄 766~822 는 열아홉 살 때 '나는 참으로 하찮은 인간이고 가장 어리석은 자이다. 실성한 사람 중에 가장 실성한 사람이며 가장 어리석은 사람이다.'라고 깨닫고 산으로 들어갔다. 지금으로 보면 엘리트 중에 엘리트가 시험 합격 통지를 받고 3개월 만에 그만두는 것이라고 할 수 있다.

그는 자신의 마음속에 들어 있는 허영을 용납할 수 없었고, 법회에서 명칭을 받으려 한 자신의 마음을 발견하고 부끄러워했다. 그런 자신의 마음을 가장 나쁜 것이라고 생각한 것이다.

'나는 최악이다'라고 인정할 용기가 없는 사람은 다른 사람의 결점을 받아들일 수가 없다. 다른 사람의 결점을 보면 불안해진다. 특히 자신과 마찬가지로 열등감의 반작용으로 자존심이 높은 사람을 혐오한다. 자신의 한심한 모습을 보라고 강요하고 있는 것 같아 미워지는 것이다. 마치 거울을 보는 것처럼, 애써 외면해왔던 자신의 모습을 마주보기 때문이다.

<u>한편 자신의 좋지 못한 점을 솔직하게 인정할 줄 아는 사람은 다른 사람의 단점이나 좋지 못한 점을 용납할 수 있다.</u>

또한 자신의 단점을 발견한 사람은 자신의 장점도 발견할 수 있다. 어떤 이유에서든지 자신의 단점을 발견하지 못한 사람은 자신의 장점도 발견하지 못한다.

당신이 당신의 단점을 발견할 때 자신의 장점도 발견하게 되면서 동시에 다른 사람의 장점도 보이는 것이다.

성공을 부르는 인간관계 법칙 10

남을 싫어하는 사람은 그만큼 결점이 많은 사람이다

당신은 자신과 똑같은 결점을 갖고 있는 사람을 싫어하지는 않는가? 이 경우는 싫어하기보다는 거북스러워한다는 표현이 맞을 것이다.

자신과 똑같은 결점을 갖고 있기 때문에 싫다고 느끼는 것은 자신의 결점을 외면하고 있기 때문이다. 따라서 싫어하는 사람이 많다는 것은 그만큼 자신에게 결점이 많다는 반증이 된다.

인간관계에 있어 치명적인 결점이란 뭘까?

그것은 부자연스러움이다. 생각과 정반대의 행동을 하는 것이다. 마음으로는 다른 사람을 위하는 척 하면서 실제 행동은 그렇지 못하거나, 다른 사람이 행복하기를 바라면서도 실제로는 다른 사람의 행복을 파괴하고 있는 것이다. 그런데 이런 사람은 자신이 남의 행복을 파괴하고 있다는 사실을 깨닫지 못하고 있으면서 다른 사람이 그렇게 하고 있는 것은 잘 보이는 법이다. 따라서 자신과 똑같은 자기모순을 갖고 있는 사람을 보면 혐오감을 느낀다.

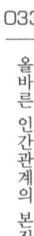

인간관계에서 돈과 학력에 구속되는 것도 부자연스러움이다. 어디까지나 돈과 학력과 명예는 살아가기 위한 수단일 뿐이다. 그런데 살아가는 수단을 목적으로 착각하고 있는 사람을 보면 매우 싫어한다. 착각에서 빚어지는 모순을 자신도 가지고 있으므로 똑같은 모순을 가지고 있는 사람을 용서할 수 없는 것이다.

싫어하는 사람이 많은 사람일수록 많은 부자연스러움과 모순을 안고 있다. "저 사람은 속물이야."라고 말하는 사람은 자신이 속물인 줄 모른다. "저 사람은 쓸모없는 사람이야."라고 말하는 사람 역시 마찬가지이다.

자기모순을 가지고 있는 사람은 다른 사람이 자기와 같은 모순을 가지고 있는 것에 대해 민감하다. 사람은 누구나 자신의 가장 부끄러운 모습을 애써 외면하려는 경향이 있기 때문이다.

성공을 부르는 인간관계 법칙 11

내 마음에 들지 않는다는 것은 남의 마음에도 들지 않는 것이다

당신은 다른 사람에게 미움이나 비난을 받을까 염려하여 늘 호감을 살 만한 행동만 하고 있지는 않은가?

억지로 하는 행위는 뭐든 자연스럽지가 않다. 설령 남들한테 호감을 살 수 있을지는 몰라도 인생은 재미없어진다. 호감 사는 것을 목적으로 한 행동을 통해 일시적인 칭찬은 받을 수 있다. 하지만 그뿐이다.

사람들은 흔히 무엇을 할까 말까 결정할 때 가장 먼저 다른 사람에게 얼마나 호감을 받을 수 있을까를 염두에 둔다. 그래서 허세를 부리게 된다. 자기 마음에 드는 것이 아니라 다른 사람의 마음에 드는 것을 우선시한다. 연인을 선택할 때도 마찬가지다. 자기 마음에 드는 사람보다 남 보기에 부러움을 살 만한 이성을 연인으로 삼으려 한다.

하지만 항상 남의 이목에 신경 쓰고 다른 사람에게 호감을 얻으려는 사람은 점차 공허해진다. 기대하는 만큼의 칭찬과 기쁨과 감동이 오지 않기 때문이다. 인생을 살면서 "아! 얼마나 멋진 인생인가." 하고 감탄을 느낄 때는 다른 사람으로부터 칭찬을 받을 때가 아니라 자신이 하고 싶은 행동을 하고 그것에서 보람을 얻었을 때이다. 그런 기쁨은 다른 사람이 아닌 자기 자신에게 자랑할 수 있는 것이다. 자기를 스스로 칭찬해주고 싶은 마음이 생기는 것이다.

값비싼 브랜드 제품을 갖고 싶어 하는 것도 사실은 남에게 자랑하기 위해서다. 따라서 유명 브랜드 제품을 사는 것도 자신을 기쁘게 하기 위한 마음에서 사는 것이 중요하며 당신의 미각을 충족시키기 위해 사는 것이 중요한 것이다. 스스로에게 상을 내리는 것이다. 물론 상이 꼭 값 비쌀 이유는 없다.

소나타를 몰고 다니는 사람이 BMW를 몰고 다니는 이웃을 보고 의기소침해하는 것은 마음속에서 두 브랜드를, BMW를 타는 사람과 나를 비교해 보기 때문이다. 학력도 지위도 마찬가지다.

모든 사람으로부터 선망과 부러움을 받고 사는 것은 중요한 게 아니다. 스스로 자신에게 만족할 수 있는 생활이 몇 배 더 중요하다. 이런 사고를 가질 때 올바른 대인관계도 성립되는 것이다.

성공을 부르는 인간관계 법칙 12

남으로부터 평가를 받는 순간 고통을 느낀다

사람은 원래 다른 사람들로부터 평가받기를 좋아하지 않는다. 인간은 원래 평가를 받는 존재가 아니기 때문이다. 따라서 다른 사람으로부터 평가를 받는 순간부터 고통이 싹튼다.

이 세상에서 당신 자신을 평가할 수 있는 사람은 바로 당신이다. 따라서 어디까지가 제멋대로인 행동이고, 어디까지가 충실히 행동하는 것인지를 제일 잘 아는 것도 당신이다.

남에게 좋은 평가를 받으려고 노력하다 보면 나를 좀더 높이 평가해주지 않는 것에 불만이 생긴다. 그 평가가 아무리 높더라도 말이다. 인간은 원래 자신이 쏟아 부은 노력보다 열 배의 칭찬을 기대하기 때문이다.

자신의 재능을 의심하는 것 또한 자신에 대한 평가를 남에게 맡기기 때문에 일어난다. 기대한 만큼의 평가를 얻지 못하면 자신에게는 재능이 없다고 비관하게 된다. 게다가 평가가 부정적이면 "정말 나는 재능이 없는 모양이다." 라는 결론까지 이르게 된다.

당신의 재능을 의심하지 말라. 당신이 좋아하는 일을 하다 보면 금방 능숙해질 것이다. 그것은 곧 재능이 있기 때문에 그 일을 잘하게 되는 것이다. 인정받느냐 못 받느냐와 상관없이 재능은 있기 마련이다. 다만 요즘 세상은 돈이 되는 재능은 재능이라 부르고 그렇지 않은 것은 개성이라 부를 뿐이다.

자신의 재능에 의심을 갖는 것은 당신이 아직 해야 할 역할을 맡지 못했기 때문이다. 어떤 것을 좋아하여 무아의 경지에 이를 때까지 계속하다 보면 언젠가 자신이 이 세상에서 해야 할 사명을 만나게 된다. 자신에게 주어진 사명을 완수하다 보면 그것이 곧 긍지가 된다.

긍지를 갖고 살아가는 사람은 세상의 평가 따위는 신경 쓰지 않는다. 많은 기쁨을 당신 것으로 만든 자기완성의 상태이기 때문이다. 그리고 그것을 근거로 자기 자신에 대한 평가를 내릴 수 있기 때문이다.

남들로부터 좋은 평가를 받으면 기분이 좋은 것은 사실이지만 설사 혹평을 받더라도 당신 자신을 무시하지 말라.

"나의 가치는 나 스스로 결정한다."

이것이 자부심 높은 사람들의 가치관이다. 이런 가치관을 가질 때 인간관계에서도 성공할 수 있다.

성공을 부르는 인간관계 법칙 13

나를 미워하지 않을까
걱정하지 않는다

 다른 사람들이 자신을 미워할까 봐 고민중인가? 나의 이런 행동 때문에, 이런 생각 때문에 내가 없을 때 내 흉을 보고 있지 않을까 걱정하는가? 아마 그럴지도 모른다. 당신이 없을 때면 끼리끼리 모여 당신 흉을 신나게 볼지도 모른다. 하지만 그게 무슨 상관인가.
 자기를 싫어하는 사람의 호감을 사기 위해 비위를 맞추고 시간과 에너지를 낭비하는 사람들이 있다. 그 사람에게 반드시 호감을 사야 한다면 쓸개라도 빼 줘라. 그렇지 않고 모든 사람들과 원만하게 지내야 한다는 강박관념에 빠져 그런 짓을 한다면 차라리 그 시간에 나를 사랑해주는 아내나 남편에게 귀염받을 행동을 하는 게 훨씬 낫다. 나를 좋아해주는 사람들 만나기에도 시간은 부족하다.
 "나를 좋아하는 사람들로 충분해. 그 사람들이 나를 애해해준다면 그것으로 족해. 나를 싫어하는 사람들이 나를 이해하지 못하는 것은 당연해. 열심히 내 맡은 바 일에 최선을 다하면 그들도 나를 좋아하게 될지도 몰라." 라는 식으로 사고방식과 태도를 전환해야 한다. 이런 마인드로 사람들과 지내면 인간관계의 고민이 훨씬 줄어들게 될 것이다.

당연한 얘기겠지만, 그렇다고 나를 싫어하는 사람을 외면하거나 무시해서는 안 된다. 하루에 한 번씩 얼굴을 마주대해야 하는 사람일수록 그렇다. 웃는 낯으로 큰 마음으로 그들을 대하라.

영화 〈대부〉에서 돈 꼬르네오네 역의 말론 브란도가 대부 승계 수업을 받고 있는 막내아들 마이클(알 파치노 분)에게 이런 말을 한다.

"친구는 가까이 둘수록 좋다. 적敵은 더 가까이 둘수록 좋다."

성공을 부르는 인간관계 법칙 14

자존심을 사랑해줄 사람은 없다

당신은 사회생활을 하면서 이제 더 이상 비참해지고 싶지 않아, 라고 생각해본 적이 있을 것이다. 그렇다면 그것은 자존심이라는 갑옷을 입고 있는 자신에게 상처를 주기 싫기 때문이다. 그런데 자존심이라는 갑옷으로 무장하고 자신을 보호하려고 하면 할수록 당신에게 가장 큰 사랑을 쏟아붓고 있는 사람에게 큰 상처를 입히게 된다. 결국 마음이 따뜻한 사람들이 당신 주위에서 점차 떠나게 된다.

이런 일이 거듭되면 당신 주위에 제대로 된 사람이 모일 리가 없다. '정말 믿을 사람이 없다'고 생각한다면 그것이야말로 지각 있고 이해심 있는 사람을 당신 스스로 멀리한 결과이다.

역설적인 이야기지만 사람은 타인을 사랑함으로써 자신을 지킬 수 있다. 사랑할 때 사람은 무방비 상태가 되지만 분노보다 더 강한 힘으로 자신을 지킬 수 있게 되는 것이다.

사랑에는 딜레마가 따른다. 사랑하지 않는 사람은 마음을 열지 않기 때문에 자신의 사랑을 상대방에게 전할 수 없다. 또 사랑을 받을 수도 없다. 마음을 열기 위해서는 사랑이 필요한데 자존심이라는 든든한 갑옷이 사랑을 거부하고 있으니 도무지 사랑이 비집고 들어갈 수 없는 것이다.

  불신이 강한 사람은 '무심코 마음의 문을 열었다가 상대방이 공격해 오면 큰 상처를 받을 거야. 그러니 그런 위험한 짓은 할 필요가 없어.'라고 생각한다. 그리고 오만하게도 '내게 상처를 절대로 주지 않겠다고 약속하면 당신에게 마음을 열어줄게.'라고 생각한다.

  하지만 그런 당신을 사랑해 줄 사람은 이 세상에 단 한 사람도 없다. 그런 오만한 조건을 다른 사람에게 들이밀면서도 사랑할 만한 사람이 없다고 불평을 늘어놓는 것은 멍청한 자존심을 갖고 있는 사람들이나 하는 짓이다. 그런 사람은 절대로 사랑의 울타리 안으로 들어갈 수 없다. 그냥 쓸쓸히 죽어갈 뿐이다.

성공을 부르는 인간관계 법칙 15

부드러움이 강함을 이긴다

우리가 잘 아는 이솝우화에 〈태양과 북풍의 이야기〉가 나온다. 북풍이 힘자랑을 하면서 태양에게 으스대며 말한다.

"힘으로는 나를 이길 장사는 없어. 저기 가는 노인네의 두꺼운 외투를 내가 벗길 테니 너는 구경만 해라."

태양은 잠시 구름 뒤에 숨어서 북풍이 하는 꼴을 보고 있었다. 북풍은 있는 힘을 다해 노인을 향해 바람을 날렸다. 그러자 노인은 바람이 세차게 불어올수록 외투자락을 꼭 붙들고 몸을 감싸 안았다. 북풍은 마침내 기진맥진하여 그만 멈추고 말았다.

이번에는 태양이 구름 속에서 나와 얼굴을 내밀고 노인을 향해 뜨거운 빛을 내려쬐었다. 날이 더워지자 노인은 외투를 벗어버렸다.

이 이야기의 교훈은 태양의 부드럽고 친절한 방법이 힘을 이용하는 북풍보다 더 강하다는 것을 나타낸다.

이 햇볕 이야기는 지난날 김대중 대통령의 남북정책에서 기초를 제공하였다.

대인관계에서 사람들의 특징을 여러 가지로 설명할 수 있지만 주로 다음의 세 가지로 분류할 수 있다.

첫째는 겉과 속이 강한 사람들이다
이들은 거의가 외모도 강한 인상을 주며 성격 또한 강한 사람들이다. 이런 사람들은 접근하기가 어렵고 친밀감이 느껴지지 않는다. 그러나 이런 사람들은 의리가 있어서 한 번 사귀면 배신하지 않으며 인간관계가 오래 지속된다.

둘째는 겉은 부드러우나 속은 강한 사람들이다
이른바 외유내강으로 온화한 태도로 사람들을 대하지만 자신이 옳다고 하면 양보하지 않고 끝까지 밀고 나간다.

셋째는 겉과 속이 부드러운 사람들이다
주관이 없을 정도로 이래도 좋고 저래도 좋은 사람들이다. 이런 사람들은 사람 좋다는 말을 듣지만 오래 사귀다 보면 줏대가 없어 신뢰감이 느껴지지 않는다.

이 세 가지 종류의 사람들 중에서 인간관계에서 가장 바람직한 사람은 두 번째 사람들이다. 물론 정답은 없다.

A와 B라는 사람이 있다. 이들은 입사 동기였지만 어떤 일을 계기로 사이가 좋지 않아졌다. A는 B와 사이가 틀어지게 되면서 B에게 어떤 관심도 두지 않았다. 그의 성격상 한번 싫은 것은 싫은 거였다. 직장 동료들이

B에 대해 오해의 소지가 있는 이야기를 주고받아도 입을 다물었다. 복도에서 B를 마주쳐도 모른척 했다.

B 역시 A가 싫었다. B도 A에 대해 이렇다할 관심을 두지 않았다. 그러다 문득 A에 대해 그렇게 싫어해야 할 이유는 없지 않을까란 생각이 들었다. 싫다고 생각하니 점점 싫어지는 것 같기도 했다. 회사를 떠나지 않는 한 A와 계속 마주칠 수밖에 없으므로 이왕이면 좋은 쪽으로 생각하기로 했다.

어느 날 A의 부친이 돌아가셨다. 회사 상조회의 결정에 따라 B는 장례기간 동안 장례를 도와야만 했다. A와 3일 동안 얼굴을 계속 대하는 게 껄끄러웠지만 B는 이왕 해야 할 거 열심히 하자란 쪽으로, 좋은 마음을 먹자는 쪽으로 생각했다. B는 장례 기간 내내 손님을 치르는 등 이런저런 사소한 일을 마치 형제처럼 열심히 했다.

장례가 끝나고 돌아가려는 B에게 A가 "고마웠다."며 손을 내밀었다. 그 말에 따뜻함이 묻어 있다는 걸 B는 느낄 수 있었다. 마치 겨울이 끝나고 봄을 느끼게 되는 햇살처럼 말이다.

Manner 자세 | 성공적인 인간관계를 위한 자세

참된 인간관계의 기본

인간관계에서 성공하기 위해서는
다른 사람에 대한 올바른 자세가 되어 있어야 한다

성공을 부르는 인간관계 법칙 16

주는 자는 받을 것이오
빼앗는 자는 빼앗긴다

인간은 누구나 '나'를 가장 중히 여긴다.

이런 나를 보다 더 중요한 인물이 되게 하기 위해 사람들은 노력하고 정진하는 것이다. 그리고 이러한 욕구가 충분히 만족되었을 때 가장 큰 기쁨을 느낀다.

내가 살기 위해서는 나를 죽일 수는 없다. 우리는 예수 그리스도가 아니다. 따라서 타인 때문에 십자가에 못 박힐 수는 없으며 또 그렇게 하려고도 생각하지 않는다.

내가 살기 위해 남을 죽여서도 안 된다. 인간이란 더불어 살아가야 하는 것이기 때문이다.

지금 우리가 당면하고 있는 가장 결정적인 문제는 개인이든 기업이든 자기만 살면 된다, 자기만 벌면 된다고 하는 사고방식이다. 그러나 궁극적으로 그렇게 되면 나를 포함해 누구도 살아남을 수가 없다.

나도 살고 남도 사는 방법에 있어 먼저 명확히 인식해 두어야 할 원칙이 있다.

그것은 '이익을 주는 자는 받을 것이오, 빼앗는 자는 빼앗긴다.'는 사실이다.

가령 3,000만 원의 연봉을 받는 사원이 있다고 하자.

이 사원은 연봉이 너무 적다고 불평하고 1,500만 원 어치만 일하고 1,500만 원 어치는 대충 시간 때우기 식으로 일했다.

이 경우 그 사원은 3,000만 원을 받으면서 1,500만 원 어치밖에 일하지 않았으므로 나머지 1,500만 원은 회사의 돈을 빼앗은 것이 된다.

대충 일하고 월급을 받는 것 역시 남의 돈을 빼앗는 것과 같다. 정당한 대가 없이 빼앗기만 하는 자는 도태당할 수밖에 없다. 겉으로 보기엔 모두 자기보다 멍청해 보이지만 실은 자기만큼 뛰어나다. 아니 자기보다 더 뛰어나다. 몇 년 후에 그 사원이 잘린 것은 당연한 일이었다. 반대로 연봉보다 더 열심히 일한 사람은 어떨까? 몇 년 후에 더 많은 연봉과 높은 직급을 얻게 될 것이다.

성공을 부르는 인간관계 법칙 17

그들을 욕하지 말라

 2006년 12월 3일자 워싱턴포스트지에 따르면 역대 최악의 대통령 후보로 조지 부시가 유력하다고 평가했다. 이유로는 이라크 전 실패와 공화당의 부패, 비타협적인 성격 등을 꼽았는데 미국 역사상 부동의 최악 반열에 포함되는 대통령들의 결점을 두루 갖추고 있다는 것이 판단의 근거였다.
 반대로 미국 역사상 최고의 대통령으로는 워싱턴과 루즈벨트 그리고 링컨 Abraham Lincoln 1809~1865 을 꼽았다.
 젊었을 때의 링컨은 타인의 결점이나 허물을 들추어내 신문 등에 공개 투고하는 등 여러 사람의 원망을 사는 일을 서슴치 않았다. 변호사가 되고 나서도 그러한 행위를 멈추지 않았는데 어떤 일을 계기로 깨달음을 얻은 후에는 남을 비난하는 일에 신중에 신중을 기했다고 알려져 있다.
 남의 비판을 받고 싶지 않다면 남을 비판하지 말라.
 링컨의 좌우명이다. 남북전쟁 때 남과 북의 치열한 대치 등으로 주위 사람들이 남부 사람들의 행위에 대해 욕하면 링컨은 이렇게 타일렀다.

"그들을 욕하지 마세요. 만약 우리가 그들의 입장이었다면 우리도 역시 그들과 똑같이 했을 것이오."

링컨은 다른 사람의 결점을 지적하기에 앞서 우선 자신에게는 어떤 문제가 없는지, 내가 필요 이상으로 과민하게 반응하는 것은 아닌지 자신을 돌아보는 시간을 많이 가졌다고 한다. 그리고 결점을 지적하기보다는 칭찬을 더 많이 해줬다. 이런 마음가짐으로 그는 어느 누구보다도 인간의 마음을 이해했고 또 지배했던 것이다.

위에서 말한 것처럼 인간관계의 비법은 아주 간단하다. 그것은 다른 사람의 결점을 들춰내지 않고 장점을 칭찬하는 것이다.

하지만 인간은 감정의 동물이기에 분한 마음을 삭히지 못할 때가 많고 울화가 치밀 때도 많다. 자신도 모르게 남을 비난하는 말이 입 밖으로 나오기도 한다. 남을 욕하는 건 바보라도 할 수 있다. 하지만 이해와 관용으로 사람들을 대하는 건 아무나 할 수 있는 일이 아니다.

성공을 부르는 인간관계 법칙 18

인간관계에서의 동류 반응의 원칙

　아무리 많은 세월이 흐른다 해도 인간 그 자체는 조금도 변하지 않는다. 시대에 따라 사람의 생각이나 가치관이 조금씩 변하는 것 뿐이다.
　옛날이나 지금이나 세상의 모든 사람은 행복을 바라면서 살고 있다.
　이 점에 관한 한, 몇천 년이 지나더라도 행복하고 싶다는 인간의 염원은 변하지 않을 것이다. 다만 행복의 기준을 어디 두느냐 하는 것은 시대에 따라 사람에 따라 달라진다.
　안시按視라는 불교 용어가 있다. 미소, 즉 웃는 얼굴로써 사람들에게 기쁨을 준다는 뜻이다. 항상 찡그리고 있는 사람에게서는 친근감을 느낄 수는 없다.
　인간관계에는 항상 동류 반응의 원칙이 작용한다는 사실을 알고 있는가? 동류 반응의 원칙이란 나의 태도가 상대방의 태도 결정에 지대한 영향을 미치는 현상을 말한다.
　만일 이쪽이 침울하면 상대방도 침울해진다. 당신이 명랑하면 상대방도 명랑해진다.

A와 B라는 사람을 예로 들어, 즐거운 분위기를 조성하는 사람과 자기가 내세우는 감정의 분위기에 휘말려 제멋대로인 사람과의 차이를 비교해 보자.

A는 다른 사람에게 무언가를 바랄 때에는 자기편에서 여유와 우정, 진심 등으로 분위기를 조성하는 데 반해 B는 제멋대로 행동하기 때문에 이러한 분위기를 조성하지 못한다.

A는 자기의 계획이 상대방에게 반드시 필요하다는 인상을 주고 싶을 때에는 그것이 받아들여져야 할 이유를 열심히 설명하는 데 반해 B는 그러한 자료를 제시하지 않는다.

A는 처음 만나는 사람에게는 자기편에서 지체없이 머리를 숙이고 맞이하는 데 반해 B는 상대방이 먼저 말을 걸어오기를 기다린다.

A는 상대방의 신뢰를 얻고 싶을 때는 결연한 태도로 자신감을 가지고 행동하는 데 반해 B는 상대방이 자기를 신뢰하여 주었으면 하고 바랄 뿐이다.

나는 언제나 태양이 좋다. 태양은 밝고 크고 따스하기 때문이다

인도 철학자의 말이다.

성공을 부르는 인간관계 법칙 19

유쾌한 인간이 되자

개그맨이 병 한 다스를 피라미드 모양으로 쌓아올린 그릇을 머리 위에 이고 등장한다. 병이 넘어지지 않을까 관객은 안절부절 못한다. 병을 떨어뜨릴 것인가, 떨어뜨리지 않을 수 있을 것인가. 춤의 템포가 빨라진다. 이에 따라 관객들의 긴장감도 높아진다. 연기가 클라이맥스에 이르면 코미디언은 공중에서 한 바퀴 재주를 넘는다. 그래도 병은 떨어지지 않는다. 굉장한 박수갈채를 받으며 퇴장하려고 하던 그는 무심히 그릇을 기울인다. 그래도 병이 떨어지지 않는다. 그릇에 병을 얽어매어 놓았기 때문이다. 관객은 배를 잡고 웃는다.

당신도 될 수만 있으면, 그럴 재주만 있다면 이 코미디언처럼 사람들의 긴장을 풀어주는 유쾌한 인간이 되라.

그리하여 사람들로 하여금 쉬게 하고 위안을 느끼게 하는 것이다. 그 반대의 경우가 될 때, 어디를 가나 당신은 경원당할 것임에 틀림이 없다. 당신이 노력해서 사람을 유쾌하게 하는 방법만 터득한다면 어디를 가나 환

영받는 인간이 될 것이다.

엄숙함과 근엄함이 미덕인 시대는 끝났다. 회의석상에서도, 부하 직원에게 업무를 지시할 때도, 고객과의 미팅에서도, 단합을 위한 회식자리에서도 분위기를 살리는 적절한 유머는 사람을 돋보이게 하는 마력을 발휘한다. 어쩌면 요즘 시대가 얼굴 찡그리며 살아갈 수밖에 없는 각박한 세상이어서 더 그런 것인지도 모른다. 그래서 사람들로 하여금 편안함과 친근감을 느끼게 해주고 딱딱함 대신 부드러움을 줄 수 있는 유머 있는 사람이 더욱 각광을 받는 것이다.

바야흐로 유머의 시대라고 해도 과장이 아니다. 서점에 나가 보면 유머에 관한 책이 넘친다. 유머의 기술에서부터 시작해서 유머 잡학사전에 이르기까지 유머에 대한 모든 이야기가 총망라되어 있다. 어쩌면 웃겨야 성공할 수 있는 시대인지도 모르겠다.

그렇다고 나에겐 그런 능력이 없는데……, 라고 걱정할 필요는 없다. 열심히 공부하면 영어 실력이 향상되는 것처럼 유머 실력도 는다. 그렇기에 시중에 수많은 유머 책이 출판되는 것 아닌가.

영국의 총리 처칠 Winston Leonard Spencer Churchill 1874~1965 이 하원의원에 출마했을 때 상대 후보가 인신공격을 했다. "당신은 아침에 늦게 일어난다고 하던데 당신처럼 게으른 사람이 의원이 될 자격이 있다고 생각하십니까?" 처칠이 말했다. "당신도 나처럼 예쁜 아내와 함께 산다면 아침에 늦을 수밖에 없을 겁니다." 청중은 웃음을 터뜨렸다. 유머란 이런 것이다.

성공을 부르는 인간관계 법칙 20

물 흐르듯이 자연스럽게

자연 속에서 불필요한 것은 하나도 없다.

박테리아가 있기 때문에 땅이 기름지게 되고 그 땅에서 자란 풀을 초식 동물이 먹고 그 초식 동물을 또 육식 동물이 먹는다. 육식 동물이 죽으면 박테리아에 의해 다시 땅 속으로 들어가서 풀이 자랄 수 있게 해 준다.

이를 학자들은 식물 연쇄라고 한다.

자연에는 수많은 수의 생명체들이 서로 미묘한 밸런스를 유지하며 생존하고 있다. 이 밸런스가 무너지면 모든 생명들이 타격을 입게 된다.

인간이 항상 활기에 차 있고 자기의 능력을 거침없이 발휘할 수 있는 근원은 무엇인가?

그 원천 역시 자연스러움이다.

자연으로 돌아가라는 말은 바다나 산의 아름다움에 젖어 활기를 되찾아 보라는 의미만은 아니다. 오히려 마음의 자연을 강조하고 있는 것이다. 즉 무리하지 않고 솔직하고 겸허해야 한다는 말이다. 다시 말한다면 자연의 법칙에 순종하는 것이 가장 무리가 없고 유쾌하며 효과적이라는 뜻이다.

일이 제대로 되지 않을 때는 어딘가에 무리가 있기 때문이다. 그것은 자연의 법칙에 어긋나는 무엇인가 있음으로써 생기는 것이다.

그 법칙에 어긋나는 행동을 하면 반드시 실패한다. 인간의 법칙도 자연의 법칙의 일부이기 때문이다. 따라서 모든 일을 자연스럽게 해나가는 것이 최선의 방법이다.

성공을 부르는 인간관계 법칙 21

인생을 재주만으로 살려고 하지 않는다

공자가 흉악한 도적을 설득하러 갔다. 그러자 그 도적은 오히려 공자에게 면박을 주며 말했다.

"나뭇가지 같은 곤을 쓰고 죽은 소의 피대를 메고 스스로 경작치 않으면서 밥을 먹고, 스스로 짜지 않으면서 옷을 입고……. 너야말로 천하의 대죄인이 아니냐. 노동은 하지 않고 입으로만 한몫 보려는 것만큼 나쁜 짓이 어디 있느냐."

장자莊子 BC369~BC289?의 도적편盜賊編에 나오는 이야기다. 물론 장자의 제자가 공자에 대한 비판을 위해 꾸며낸 이야기다. 그러나 이와 비슷한 이야기가 공자 자신의 말이라는 논어論語에도 나온다.

공자孔子 BC552~BC479와 길을 함께 나섰다가 일행과 떨어진 자로子路가 길가의 늙은 농부에게,

"스승 공자님을 못 보았느냐?"

하고 물었다.

농부는 대답했다.

"사지를 움직이지도 않고 오곡을 구별할 줄도 모르는 자가 어떻게 스승이 된단 말이오!"

열심히 일하면서 자기를 계발하는 마음가짐이 없어서는 어떠한 면에도 결코 성공을 거둘 수가 없다.

밤낮 놀기만 하면서 종업원을 족쳐대는 사장이나, 집에 돌아와 가장이랍시고 손가락 하나 까딱하지 않으면서 아내와 아이들을 꾸짖어대는 가장이 올바른 인간적인 유대를 가질 수 없다.

하루 종일 열심히 일하고 있는 상사 앞에서 어떤 부하가 게으름을 피울 수 있겠는가. 아침 일찍 일어나 이것저것 집안일을 손보는 가장 아래서 어떤 가족이 저만 혼자 방에 처박혀 빈둥거릴 수 있겠는가.

모든 인간관계는 결코 기술이 아니다.

마음이 문제인 것이다. 마음가짐이 제대로 되어 있다면 설령 그 방법이 조금 서툴렀다 하더라도 누구나 그 사람의 진정을 이해해 줄 것이다.

그러나 마음의 진정성은 팽개쳐 놓고 테크닉으로만 일관하는 사람에게는 사람이 따르지 않는다. 인간적인 신뢰감을 가질 수가 없기 때문이다.

결코 인생을 재주로 살아가려 하지 말라. 문제는 마음가짐, 즉 진정성이다.

성공을 부르는 인간관계 법칙 22

인간관계의 다섯 가지 계율

사마천司馬遷 BC145?~BC86?의 사기史記에 의하면 노자老子는 주나라의 궁정 도서실의 기록 계장이었다고 한다. 그는 주나라의 쇠퇴를 한탄하고 은퇴할 것을 결심한 후 서방으로 떠났다고 한다.

공자가 주나라로 노자를 찾아와 예禮에 관한 가르침에 질문을 했을 때 노자는,

"뛰어난 상인은 깊숙이 물건을 감추고 아무것도 없는 것처럼 보인다. 군자 또한 덕이 있더라도 우자처럼 보여야 한다. 그런데도 자네는 자만심이 강하고 욕심덩어리 같다. 그러한 태도와 지나친 욕망을 버려라. 내가 자네에게 가르칠 수 있는 것은 이 정도다." 하고 말했다고 한다.

즉 공자는 선생님이라 불리면서 높은 곳에서 사람이 행할 바 도리를 가르치려 했었다. 반면 노자는 평범한 민중과 함께 지내면서 인간으로서 나아가야 할 길을, 사람들이 가져야 할 좋은 인간 관계론을 설명하려 했던 것이다.

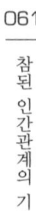

노자 81장에 있는 가르침을 다섯 가지의 계율로 요약할 수 있다.

첫째, 진실함이 없는 아름다운 말을 늘어놓지 말라

세상에는 남의 비위를 맞추거나 사람을 추켜세우거나 머지않아 밝혀질 사실을 감언이설로 얼버무리면서 재주로 인생을 살아가려는 사람이 너무나 많다. 그러나 이러한 짓을 한다고 하더라도 사람들로부터 신뢰받지 못하며 사람 위에 설 수가 없다.

둘째, 말 많음을 삼가라

말이 없는 편이 좋다. 말없이 성의를 보이는 것이 오히려 신뢰를 갖게 한다. 말보다 행동으로 보여야 한다.

셋째, 아는 체하지 말라

아무리 많이 알고 있더라도 너무 아는 체하는 것보다는 잠자코 있는 편이 낫다. 지혜 있는 자는 지식이 있더라도 이를 남에게 나타내려 하지 않는 법이다.

넷째 돈에 너무 집착하지 말라

돈은 인생의 윤활유로서 필요한 것임에 틀림이 없다. 하지만 돈의 지배를 받지는 말라.

다섯째, 다투지 말라.

남과 다툰다는 것은 손해다. 어떤 일에나 유연하고 부드럽고 자연스럽게 대처해야 한다.

이런 다섯 가지 계율을 명심하고 실천한다면 인간관계는 당신을 성공으로 인도할 것이다.

성공을 부르는 인간관계 법칙 23

상대방이 갈망하는 것을 안다

타인과 잘해 나가는 방법으로 흔히 두 가지가 있다고 생각한다. 그러나 이 두 가지 모두 옳은 방식은 아니다.

그 방법을 소개한다.

첫째는, 무조건 자기 쪽에서 굽히는 것이 좋다는 방식이다

언제나 상대방에게 양보하고 실제로는 그렇지 않으면서도 호의를 갖고 있는 것처럼 보이고, 상대방의 기분에 맞춰 타협하는 것이 상책이라는 생각이다.

둘째는, 이와 정반대로 상대방을 지배하고 반론이 없도록 깔아뭉개 버리는 방식이다. 즉 상대방을 죽이는 방식이다

전자는 무조건 나를 죽이는 방식이고 후자는 상대를 죽이는 방식인데 그리 좋지 않은 이 두 가지의 방식이 사람들에게 뿌리 깊게 인식되어 있다.

그러나 나를 죽이지 않고 또한 상대도 죽이지 않으면서 타인과 잘해 나

갈 수 있는 제삼의 방법이 있다.

그것은 인간의 가슴 속 깊이 잠재되어 있는 갈망을 알고 이를 충족시켜 주는 방법이다.

이러한 갈망에는,

사람들에게 주목받고 싶다는 바람

사람들이 좋게 생각해 주기를 바라는 욕구

자기가 인정받기를 바라는 마음

등 여러 가지가 있다.

인간 누구에게나 이러한 갈망이 있다는 것을 잊어서는 안 된다.

당신의 부하와 상사, 동료에게 관심을 가져야 하며 당신 아내의 새로 한 헤어스타일에 관심을 나타내야 한다.

이것은 그렇게 어려운 일이 아니다. 그러나 이것만큼 사람들의 마음을 사로잡는 비결은 없다는 점을 잊지 말라.

성공을 부르는 인간관계 법칙 24

자신의 잘못부터 살핀다

음音이 맞지 않더라도 그것이 오히려 재미있는 결과를 가져오는 경우가 있다. 모던 재즈도 그 하나다.

처음부터 모든 음이 완벽히 맞아 전혀 문제가 없다고 한다면 이것은 오히려 경계해야 할 일이다. 이래서는 발전을 기대할 수 없기 때문이다.

어떠한 문제점이 있어야 비로소 모두가 그 문제에 주목하고 문제점을 개선하려고 노력한다. 문제점을 발전의 원동력으로 삼게 되는 것이다. 따라서 언제, 어디서나 불협화음이 있게 마련이며 또 있는 편이 좋은 것이다.

"나는 조금도 잘못하지 않는데도 자식도 며느리도 손자들도 내 얼굴만 보면 당장 자기 집으로 돌아가 버립니다. 나는 쓸쓸합니다." 하고 고개를 떨어뜨리는 노신사가 있었다.

그는 부지런하고 성실하게 살아왔다. 그러나 지나치게 자신은 완벽하다고 생각하기 때문에 다른 사람들의 잘못을 용서할 수 없는 나쁜 버릇이 있었다. 즉 주변 사람들이 숨 쉴 틈을 만들어주지 못했던 것이다. 그러므로 자식, 며느리는 물론 손자들까지도 멀어져 갔던 것이다.

누구나 잘못을 범하면서 살고 있다. 누구나 자기는 옳다고 착각하면서 살고 있다. 허심하게 자신을 되돌아보면서 상대방의 특질을 이해하려고 노력해야만 참된 인간관계의 형성은 가능해진다.

사람을 보고 법을 설하라는 말도 있고, 가난한 자에게는 금품을, 우둔한 자에게는 지혜를 주라는 가르침도 있다. 그 어느 것이나 상대를 정확히 안 다음 그에 따른 조치를 취하라는 말이다.

<u>상대를 정확히 보고 활을 당겨라. 활을 잡아 당기기 전에 자신의 자세는 바른지, 활은 문제가 없는지 화살촉은 제대로 되어 있는지 살펴야 한다. 그래야만 사람을 움직일 수 있는 것이다.</u>

성공을 부르는 인간관계 법칙 25

사랑을 받기 원하면 먼저 사랑하라

중요한 문제는 우리들이 사랑받고 있느냐 아니냐가 아니라, 상대방이 볼 때 과연 사랑하고 싶은 상태가 되어 있느냐 아니냐 하는 데 있다.

가령 당신의 동생이 밉다고 하자.

당신은 이러이러한 점이 밉다고 꾸짖기 전에 그러한 점을 고치도록 성의 있는 노력을 다하고 있는가.

아무리 자식이라 하더라도 곱게 단장을 하고 있을 때가 더러운 옷을 걸치고 있는 때보다 예쁜 법이다.

그래서 우리는 아이의 옷을 갈아입혀 주고 콧물을 닦아주고 머리를 빗겨준다. 자식을 보다 예쁘고 사랑스러운 모습으로 만들어 주고 싶은 본능적 욕구 때문이다.

한 다리가 천 리라 한다. 자식에 대한 애정과 동생에 대한 우애는 다를 수밖에 없다고 한다.

과연 동생이 미운 행동을 하고 남루한 옷을 입고 있을 때, 당신은 자식에게 한 것과 똑같은 애정으로 그에게 노력을 한 기억이 있는가.

만약 그 사람이 친구라면, 직장의 동료라면, 이웃 사람이라면 어떻게 할 것인가. 정말로 가까운 마음의 벗이 되고 싶다면 어떻게 해야 할 것인가를 생각해 보라.

바로 이 점에 친구를 만드는 비결이 있다. 사랑을 받기 위해서는 우선 자기편에서 먼저 상대방을 사랑해야 한다.

친구를 만들고 싶으면 우선 자기편에서 그에게 우정을 나타내야 한다.

타인의 관심을 끌고 싶으면 먼저 타인에 대해 관심을 표시할 줄 알아야 한다.

기브 앤 테이크 GIVE & TAKE 라는 말을 속물적인 말이라고 경멸해서는 안 된다. 이 말이야말로 모든 인간관계를 지배하는 불멸의 원칙이기 때문이다. 우정과 애정을 획득하려면 받기에 앞서 먼저 주어야 한다는 마음의 자세가 되어 있어야 한다. 마음만 갖고 있어서는 안 된다. 이를 나타내야 한다.

아내들이 남편에게 듣고 싶은 말은 그녀들이 항상 하고 있는 자질구레한 일상을 인정하고 위로하는 따뜻한 말 뿐이라는 것을 알아야 한다.

Manner 자세 | 성공적인 인간관계를 위한 자세

인간관계의 올바른 자세

모든 일에도 그렇지만 특히 인간관계에서
올바른 자세와 기본이 형성되어 있지 않으면 결코 성공할 수 없다.

성공을 부르는 인간관계 법칙 26

타인의 협력을 얻으려면

　타인의 갈망을 제대로 만족시켜 주는 사람은 매우 드물지만, 이것을 할 수 있는 사람만이 비로소 타인의 마음을 움직일 수 있는 사람이다. 그러면 어떻게 하면 타인의 협력을 얻는 것이 가능한가를 순서에 따라 설명한다.
　첫째, 항상 감사하는 마음을 나타낼 것
　아무리 사소한 것이라도 당신이 마음속으로부터 감사하고 있다는 사실을 알려야 한다.
　둘째, 자기 혼자만 인정받으려고 하지 말 것. 영광을 혼자서 독차지하는 대신 이를 투자할 것.
　회사의 최고 경영진을 포함해 전 사원이 참석한 세일즈 컨벤션에서 일어났던 일이다.
　판매담당 상무가 그 해 최고의 성적을 올린 지부장 두 사람에게 상장을 주고 놀라운 성적을 올린 경위에 대해 사람들 앞에서 이야기하도록 했다. A 지부장이 먼저 일어나 설명을 했다. 그는 자기의 능력 그리고 자기의 노력이 매출액의 증가를 가져온 것이라는 인상을 주기 위해 "나는 종래의 방법을 개선해서……." 라는 식의 표현만을 사용했다.

그의 이야기가 계속됨에 따라 부하직원들의 얼굴에는 분노의 빛이 역력히 드러났다. 그들은 지부장 개인의 영광에 완전히 가려버린 결과가 된 것이다.

B 지부장의 방식은 전혀 다른 것이었다.

먼저 그는 그 지부의 성공은 모든 부하직원들의 열렬한 노력에 원인이 있음을 설명한 다음 부하직원 한 사람 한 사람을 일어서게 하고 그 노력에 대해 마음속에서 우러나오는 감사를 나타냈다.

이 두 사람의 차이를 생각해 보라.

A 지부장은 영광을 자기 혼자서 독차지하려 했지만 그렇게 함으로써 그는 부하들의 원망을 샀다. 부하직원들의 사기를 완전히 죽여 버린 것이다.

B 지부장은 영광을 부하직원들에게 돌렸다. 이 사람은 칭찬도 돈과 같아서, 배당을 낮게 하기 위해서는 투자를 해야 한다는 심리학의 법칙을 알고 있었던 것이다.

<u>셋째, 상대방의 자발적 협력을 기대할 것</u>

타인의 협력을 얻기 위해 사술術을 쓰는 것이 효과적이라고 생각하는 사람이 있다. 그러나 이러한 방법은 상대방의 분노를 살 뿐이며, 결코 성실한 인간이 취할 태도가 아니다.

성공을 부르는 인간관계 법칙 27

상대방의 말에 귀를 기울여라

상대방의 이야기에 경청(傾聽)해라.

그러면 사람들은 당신을 이해성있는 사람이라고 생각할 것이다. 그리고 당신 또한 그들의 말에 귀를 기울임으로써 그들을 이해할 수 있게 되는 것이다. 경청은 무엇보다도 상대방을 즐겁게 하는 찬사다. 상대방의 말에 귀를 기울임으로써 당신은 경청할 만한 가치가 있는 사람이라고 그에게 말하는 것이다.

이것은 그의 자존심을 만족시켜 줄 것이다. 인간 누구나가 나는 그럴 만한 가치가 있다고 생각하기 때문이다.

반대로 상대방의 말을 외면하거나 중간에 말머리를 짜르는 것은 상대를 위축시키고 기분 상하게 만든다.

사람은 주목받는 것을 좋아한다. 곳곳에서 일어나는 수많은 범죄의 원인 중에 하나는 상대가 자기의 이야기에 귀담아 듣지 않았기에, 관심을 나타내지 않았기에 생기는 것이다.

경청은 단순히 상대의 이야기에 귀만 열어두는 것이 아니다. 당신은 경청할만한 가치가 있는 사람이라는 인식을 상대에게 주기 위해서는 몇 가지 실천 원칙이 있다.

우선 상대의 말에 공감을 해야 한다.

상대의 말에 선입견을 갖거나 충고, 설교를 하고 싶다는 생각은 자제하고 열린 마음으로 상대의 말에 귀를 기울이자. 또한 공감의 적극적인 표시로 맞장구를 치면 좋다. 맞장구란 단순히 말로 하는 추임새 뿐만 아니라 상대를 바라보는 눈길, 표정, 자세 따위도 포함된다. 추임새는 공감을 나타내는 적극적인 표시로 사용할 수 있다.

남녀노소, 직위 고하에 관계없이 상대를 인정하는 마음이 필요하다.

즉, 상대방을 소중한 사람이라고 생각해라. 특히 지위가 자기보다 낮거나 나이가 어린 사람의 얘기일수록 진지하고 성실한 태도로 경청할 필요가 있다.

입을 다물자.

말을 배우는 데는 2년 걸리지만 침묵을 배우는 데는 60년이 걸린다는 말이 있다. 경청이 어려운 이유는 누구나 듣기보다는 말하는 것을 좋아하기 때문이다. 경청은 나를 이해시키기에 앞서 상대를 이해하려는 첫 번째 단계임을 잊지 말아야 한다.

무엇을 바라는지, 무엇을 얘기하고 싶은지, 무슨 생각을 하는지, 어떤 상태인지 그의 입장에서 듣고 이해하려고 노력하라. 그러면 자연히 대인관계는 좋아질 수밖에 없다.

그러나 이 간단한 원칙을 실행하고 있는 사람은 의외로 적다.

많은 사람들을 관찰해 보면 다음과 같은 사실이 분명해진다.

뛰어난 사람일수록 상대의 이야기를 경청한다. 대인관계가 어설픈 사람일수록 상대의 말에 귀를 막고 설교만을 늘어놓으려고 한다. 당신은 어떤가? 당신은 의사 결정을 하기에 앞서,

"당신은 이 문제를 어떻게 생각하십니까?"

"이런 상황 아래서 당신이라면 어떠한 결정을 내리겠습니까?"하고 항상 의견을 묻는가?

성공을 부르는 인간관계 법칙 28

유머와 미소를 잃지 않도록

"나에게 있어 최대의 학교는 유머였다."

- 아인슈타인 Albert Einstein 1879~1955

유머는 독설이나 비웃음과는 다르다. 그것은 칼라일이 말한 바와 같이 어떤 부조리를 보고서 곁에서 웃는 것이 아니라 함께 웃는 해학이다.
<u>마음속에 여유가 있어야 유머도 나오는 것이다.</u>

각국의 언어는 다르지만 웃음소리만은 같다. 말하자면 웃음은 세계를 연결시키는 공통어다. 웃음은 사람과 사람을 연결시켜주는 아주 효과적인 언어이다.

웃는다는 것은 인간다움의 상징이다.

원숭이도 웃음과 비슷한 표정을 하지만, 인간처럼 여러 가지로 웃을 수 있는 동물은 없다.

세상이 어둡고 생활이 침울해지면 사람들은 일부러 돈을 지불하면서 웃음을 찾으러 간다.

유머와 웃음이 있는 직장은 틀림없이 잘될 수밖에 없다. 회합 같은 경우에도 웃음소리가 날 정도면 커뮤니케이션은 제대로 되어 가는 것이다. 가끔 농담이 나오면 분위기는 더 무르익는다.

농담 중에 진실이 많이 내포되어 있으며 정식으로 말하기 어려운 것도 농담의 옷을 입혀 말한다면 공감대가 훨씬 넓어진다. 또한 웃음이 있는 그룹에는 아이디어가 찾아온다. 아무것도 아닌 것 같은 발언 속에 번뜩이는 힌트나 아이디어가 숨어 있는 경우가 많기 때문이다.

성공을 부르는 인간관계 법칙 29

적극적으로 대한다

입사한 지 3개월밖에 되지 않은 C는 개운하지 않은 기분으로 팀장에게 사의를 표명했다. 팀장은 눈을 둥그렇게 뜨고 놀라면서 물었다.

"이유가 무엇입니까?"

"전혀 일하는 방식을 모르겠기 때문입니다. 아무도 이렇게 하라고 가르쳐 주는 사람이 없습니다. 상사나 선배들은 너무 불친절합니다."

"음……. 상사나 선배들이 일하는 방식을 가르쳐 주지 않는다. 그래 무엇을 어떻게 해야 좋을지 모르기 때문에 그만두고 싶다. 이런 말이군요?"

"그렇습니다. 이래서는 일할 의욕이 생길 수 없지 않겠습니까?"

"그럼 자네에게 주어진 일의 목표, 즉 도달점 같은 것은 가르쳐 주었겠지요?"

"예. 올해 목표는 어디까지라고 들었습니다. 그러나 목표에 도달하기까지의 순서라든지 방법은 조금도 가르쳐 주지 않았습니다. 저는 어떻게 해야 할지 감이 잡히지 않습니다."

"우리 회사가 다른 경쟁업체보다 신입 사원의 연봉을 많이 주는 이유를 알고 있나요?"

C는 '그러니까 내가 이 회사에 들어왔지요.' 라고 말하고 싶었지만 그냥 가만히 있었다.

"우리 회사가 입사 면접에서도 신중에 신중을 기하고 그렇게 어렵게 뽑은 인재들에게 연봉을 많이 주는 이유는 첫째, 사물을 바라보는 이해력이 다른 사람에 비해 풍부할 것이라는 기대이며 둘째는 왕성한 개척 정신을 발휘해 달라는 의미입니다. 목표가 정해졌으면 그 목표로 가는 길은 본인이 알아서 해야 됩니다. 주위에서 알려주기를 기다리지 말고 의문나거나 모르는 게 있으면 적극적으로 알려고 하는 의지가 필요합니다. C는 오늘 말고 나에게 무엇을 알려달라고 온 적이 있나요? 선배들에게 물으면 귀찮아 하기도 하고 짜증을 내는 사람도 있겠지만 그건 C 가 감수해야 될 문제입니다. 그 사람들도 귀중한 시간을 내서 C 에게 알려주는 것이니까요."

처음으로 하는 일은 어떤 것이나 낯설 수밖에 없다. 모르는 것이 있으면 어떻게 하든 알려고 하는 적극성이 필요하다. 그러한 적극적인 열의가 있고서야 비로소 맡은 일에 익숙해질 수 있다. 시키는 대로 따라하기만 한다면 발전을 기대할 수는 없다.

성공을 부르는 인간관계 법칙 30

이끌리는 사람의 매력

'인간에게 있어 중요한 것은 결점이 아니다.'

섹스피어의 희곡은 역사상 또는 지리상의 잘못 투성이다. 디킨스의 소설에서는 코에서 단내가 날 만큼 센티멘틀한 서술을 도처에서 볼 수 있다.

그러나 그러한 점을 끄집어내어 트집을 잡는 사람은 찾아볼 수 없다. 이들 위대한 작가의 작품은 시대를 초월한 활력에 넘쳐 빛나고 있다.

장점이 너무나 강하기 때문에 결점이 눈에 띄지 않는 곳으로 숨어 버리는 것이다.

우리들이 타인에게 이끌리는 것도 그들에게 결점이 없기 때문이 아니라 자식처럼 사람의 마음을 끄는 장점이 있기 때문이다.

높은 산봉우리가 있으면 반드시 깊은 계곡이 있듯이 장점이 강하면 강할수록 결점도 그만큼 심각한 경우가 적지 않다. 인간 누구에게나 장점이 있고 단점이 있다.

그리고 사람들로부터 사랑받을 수 있는 결점을 교묘하게 갖추고 있는 사람도 있고 사람들이 싫어하는 장점이 몸에 배인 사람도 있다.

이를테면 이리 번쩍 저리 번쩍하는 것은 흔히 결점으로 받아들여지기 쉽다.

그러나 이런 성격도 잘 조화를 이루면 활력이 넘쳐 보일 뿐 아니라 주위를 부드럽게 하고 인간관계에 있어서 윤활유 같은 기능을 할 때가 많다.

점잖음은 보통 장점이라고 지적된다.

그러나 이것이 지나치면 분위기를 무겁게 하고 자기도 어깨를 펴지 못하며 부정적, 퇴영적 자세와 직결되는 경우가 적지 않은 것이다.

그런데도 남과 더불어 일하면서 타인에게 완전무결을 요구한다는 것은 어리석은 일이다. 도대체 이 세상에 완전한 인간이란 있을 수 없기 때문이다.

마찬가지로 아무 짝에도 쓸모없는 인간이라고 생각되는 사람이라도 깊은 애정을 가지고 다시 한번 자세히 관찰해 보라. 분명히 어딘가에 장점이 있을 것이다.

어떠한 조직 사회에 있어서나 남의 결점만을 들춰내려 해서는 안 된다. 더욱이 자기 파트너의 결점에 불평을 말하는 것은 상대방이 완전무결한 사람이기를 바라고 있기 때문이다.

그 사람의 결점은 감싸주고 장점을 찾아보자는 마음가짐이 되면 불평 같은 것은 생기지 않게 된다.

성공을 부르는 인간관계 법칙 31

상대의 심리를 읽어라

멜 깁슨이 출연한 영화 〈왓 위민 원트 What Women want, 2000〉을 본 적이 있는가? 그 영화를 보면 주인공 닉 마샬은 어떤 일을 계기로 여자들의 마음을 읽을 수 있는 능력을 갖게 된다. 광고회사의 간부였던 그는 그 뒤로 승승장구한다.

만일 이처럼 다른 사람의 마음을 읽을 수만 있다면 당신은 반드시 성공할 것이다. 하지만 인간은 서적과 같다. 그것은 읽는 방법만 알고 있다면……, 차닝의 말처럼 그것은 실현될 수 없는 꿈이다.

현실에서 다른 사람의 의도를 헤아리기란 여간 어려운 일이 아니다. 하지만 마음을 읽기는 힘들어도 심리적 접근은 충분히 가능하다.

사람들은 평균 5cm로 입을 벌리고 한 입에 먹을 수 있는 햄버거의 높이로는 4.4cm가 가장 이상적이다. 손님이 가장 편하게 지갑을 꺼낼 수 있는 높이는 72cm이다. 주문을 받으면 감사합니다, 란 말과 함께 3초 이내에 다른 것은 필요없는지 권해야 한다. 직경 4mm의 빨대를 15도 정도 기울여서 빨 때 사람들은 모유를 먹던 잠재의식을 무의식 중에 느낀다.

이것은 전세계 120여 개국 29,000여 개의 프랜차이즈 지점을 운영하고 있는 맥도날드의 마케팅 전략이다.

이처럼 심리적 연구를 통해 과학적인 수치를 뽑아 마케팅에 활용하는 것은 어제 오늘의 일이 아니다.

당신이 만약 계약을 성립시키기 위한 중요한 자리에 가야 한다면 상대에 대한 전반적인 공부가 뒷받침되어야 한다. 많이 알면 알수록 좋다. 설령 맨 땅에 헤딩하는 심정으로 가더라도 맨 땅 어디에 헤딩하면 좋을까는 미리 정해두어야 한다.

다국적 경영컨설팅사인 매킨지의 2006년 중국 소비자 보고서인 〈중국 소비자를 효과적으로 공략하는 법〉에 따르면 중국 소비시장을 좌지우지하고 있는 10대들의 65%가 매장에서 원래 사려고 했던 것과 다른 브랜드 제품을 사는 경우가 있다, 고 대답했다. 특히 가전제품에서는 이런 경향이 더 심했다고 하는데 다섯 가구 중 네 가구가 처음 생각했던 것과 다른 브랜드의 제품을 사서 쓰고 있다, 고 답했다. 즉 중국 소비자들은 계산대로 가서 지갑을 열어 돈을 건넬 때에 비로소 브랜드를 최종 결정한다는 것이다.

그렇기 때문에 중국 소비자를 공략하기 위해서는 잘 훈련된 영업사원이 직접 매장에 나가 상품을 소비자의 손에 쥐어 주면서 효능과 특징을 설명하는 것이 가장 효과적인 마케팅 방법이라고 이 보고서는 쓰고 있다.

아까 했던 맨 땅에 헤딩하는 심정으로 계약담당자를 찾아갔던 이야기를 다시 해보자. 분위기를 보아하니 계약담당자는 당신 회사보다는 경쟁업

체에 더 마음을 두고 있는 듯하다. 인간의 마음을 읽어낼 수 있는 범위는 여기까지이다. 저 사람이 내게 호감을 갖고 있는지 없는지, 마음이 없더라도 내가 잘만 하면 마음을 돌릴 수 있을까 없을까? 이 정도이다. 다음 차례는 당신의 능력을 발휘해 계약담당자의 마음을 돌리는 일이다.

계약담당자를 만나기 전에 심리적 접근, 즉 맨 땅 어디를 헤딩할 것인가를 준비했다면 이제는 어떤 자세로 헤딩할 것인가를 보여줘야 한다. 즉 마음적 접근을 해야 한다는 말이다.

마음적 접근에 무슨 뾰족한 방법이 있는 것은 아니다. 진정성과 진솔함을 갖고 대하는 것이 가장 좋은 방법이다. 위에서 예로 든 중국 소비자들도 현장에서 마음이 많이 바뀌듯이 계약담당자도 충분히 마음이 바뀔 수 있다. 설령 이번 계약에 실패했다 하더라도 그 담당자는 당신의 진정성에 당신과 당신 회사에게 후한 점수를 주고 내일을 기약할 것이다.

성공을 부르는 인간관계 법칙 32

미소는 호의를 가지고 있다는 표시

"같은 조건이라면 피고가 여자일 때가 남자일 때보다 무죄가 될 확률이 30% 더 많다. 같은 여자라도 미인일 때에는 그 확률은 60%로 껑충 뛰게 된다."

배심원 제도를 연구하고 있는 미국의 형법학자의 말이다.

배심원들이 너무 인간적이기 때문일까? 지극히 존엄하고 공정해야 할 법정에서까지 인간적인 호감이 작용한다.

'웃는 얼굴에 침 못 뱉는다.'는 속담이 있다. 웃는 얼굴이야말로 백만의 원군과도 같은 것이다.

항상 웃는 얼굴을 하고 있는 사람은 누구나가 다 좋아한다. 그러나 억지 웃음은 다르다. 거기에는 비굴함이 깃들어 있기 때문이다. 상대방의 경멸을 자초할 뿐이다.

따스한 미소, 밝은 얼굴이야말로 상대방의 마음을 어루만져 주고 사람을 끌어당기는 마력을 지니고 있다.

항상 미소가 끊이지 않는 사람의 인격이란 어떤 것일까?

첫째, 사람들에게 호감을 갖는 성격

둘째, 겸허한 마음가짐

셋째, 솔직하고 선량한 기질

넷째, 사람들에 대하여 갖는 따스한 마음

이와 반대되는 사람들에게서는 미소나 명랑한 얼굴을 기대할 수가 없다. 악의를 숨기고 있는 성격. 무엇보다도 곤란한 것이 이런 마음이다. 오만한 자세, 사람을 우습게 보는 태도 등은 모두가 여기에서 생겨나는 것이다.

사람을 좋아하고 그릇이 큰 사람들은 언제나 따스한 미소를 잃지 않고 명랑하고 밝은 목소리로 말한다.

항상 발광원發光源인 듯한 사람은 모든 인간관계가 반드시 잘 되어 간다.

발광원이 될 수 있는 사람은 언제나 앞에 말한 네 가지의 장점을 갖추고 있다. 그 장점이 방사해서 상대방의 마음을 밝고 따스하게 해주는 것이다. 빛을 가리는 어둠은 없다. 빛을 방사하는 사람은 어떠한 절충에 있어서나 미소로서 상대방을 감싼다.

미소는 '나는 당신에게 호의를 가지고 있습니다.' 라는 표시임을 잊지 말자.

성공을 부르는 인간관계 법칙 33

상대방의 잘못을 추궁하지 말라

남의 결점이나 잘못을 지적, 공격하는 것의 어리석음은 상대방이 "역시 내가 잘못했다. 미안하다." 고 솔직하게 자기의 잘못을 인정할 것이라고 생각하는 데 있다.

자기의 잘못을 쉽게, 솔직히 인정하는 사람은 별로 없다. 조직사회의 인간관계에서는 더 그렇다.

도대체 무엇 때문에 상대방의 잘못을 노골적으로 지적하는가. 상대가 자기의 잘못을 쉽게 인정할 것 같은가? 당치도 않다. 상대방은 자기의 지능, 긍지, 자존심에 상처를 입고 마음의 문을 조개껍데기처럼 닫아 버릴 것이다. 그렇게 되면 아무리 설득시키려고 노력을 해도 아무런 효과가 없다. 상처를 입는 것은 논리가 아니라 감정이기 때문이다.

남의 잘못을 지적하기 전에 먼저 자기가 정말로 올바른가를 생각해보자. 그래도 역시 자기가 옳다는 판단이 선다 하더라도 "그럼 자네에게 그 까닭을 설명하지." 하는 식의 말로 이야기를 꺼내서는 안 된다.

이것은 나는 너보다 잘난 사람이니까 잘 설득해서 '너의 마음을 바꿔보겠다.'는 말과 같다. 그야말로 도전적인 것이다.

이러한 태도는 상대방에게 반항심을 갖게 해서 전투 태세를 갖추게 한다. 남의 마음을 바꾸도록 만든다는 것은 아무리 부드러운 분위기 속에서도 어려운 일이다.

무엇 때문에 일을 어렵게 만드는가. 이것은 결국 스스로 손발을 묶고 수영하는 것처럼 어리석은 일이다.

또 한 가지 잊어서는 안 될 점은, 상대가 마음속으로 자기의 잘못을 인정하면서도 이에 대한 변명을 늘어놓을 때의 처신이다.

변명에는 거짓말이 섞여 있는 법. 그러나 변명을 듣고 화를 내서는 안 된다. '아, 그런가.'하고 잠자코 듣고 있노라면 거짓말에 감추어진 진상이 밝혀진다. 상대방은 신이 나서 떠들어댈지 모른다. 그러나 그에게도 양심은 있지 않겠는가.

상대는 마음속으로는 스스로의 잘못을 인정하면서도 자기 체면 때문에 변명을 늘어놓은 것이다. 잠자코 들어준다면 "그 사람은 이해하더군!" 하고 다른 사람에게 말하게 되고, 이쪽에 어느 정도 호감을 느끼게 될 것이다.

<u>잘못을 인정하는 이상 결코 추궁하지 말라. 적을 공격할 때도 항상 도망갈 수 있는 길을 확보해 줘야 한다. 궁지에 몰린 적이 발악하면 오히려 곤혹스러워지는 것은 당신이다.</u>

성공을 부르는 인간관계 법칙 34

유유상종의 의미를 알라

당신은 유유상종類類相從이란 말을 알고 있을 것이다.

실패자는 즐겨 실패자를 부르고 성공하는 사람은 성공하는 사람을 찾게 되는 법이다.

따라서 성공한 사람들과 교제하는 습관을 기르면 그 사람들의 영향을 받아 일에 대한 열의는 강해지고 그만큼 성공률도 높아지게 된다.

어떤 도시의 성문 근처에 살았던 현인賢人의 이야기다.

다른 도시 사람이 와서 현인에게,

"이 도시에는 어떠한 사람들이 살고 있습니까?" 하고 물었다.

"당신이 살고 있던 마을 사람들은 어떠했었나?"

다른 도시에서 온 사람은 이렇게 대답했다.

"서로 미워하고 헐뜯는 놈들밖에 없었죠. 지독한 놈들입니다. 그래서 저는 그 도시를 떠나온 것입니다."

현인은 고개를 저으면서 이렇게 말했다.

"안 되었소만, 이곳에 사는 사람들도 모두가 그런 놈들 뿐이오. 당신에게 이 도시는 어울리지 않으리라 생각되는데요."

이 말을 듣자 그 사람은 고개를 떨어뜨리고 실망한 채 돌아갔다.

조금 후에 두 번째 사람이 현인에게 와서 똑같은 질문을 했다.

당신이 살았던 도시에는 어떠한 사람들이 살고 있느냐는 현인의 질문을 받고 그는 이렇게 대답했다.

"모두가 아주 좋은 사람들이었습니다. 그들은 서로 아끼고 도왔습니다. 생각이 깊고 친절했으며 어떠한 일이나 이해하려 노력했어요. 이 세상에 그렇게 좋은 사람들은 아무 데도 없을 것입니다."

현인은 이 말을 듣자 다음과 같이 대답했다.

"그거 참 좋은 일이야 젊은이. 이 도시에도 그렇게 좋은 사람들이 살고 있어. 젊은이는 곧장 이곳 사람들을 좋아하게 될 것이고 이곳 사람들 또한 젊은이를 좋아하게 될 것임에 틀림이 없네."

우리는 어디에 가더라도 우리가 찾고 있는 사람을 발견하게 된다. 나쁜 사람들을 찾으면 나쁜 사람들을 만나고 좋은 사람들을 찾으면 좋은 사람들을 만나게 된다.

어느 쪽으로 가던 우리는 우리가 찾으려고 생각한 사람들을 찾게 되는 것이다.

Vocation 직장 | 직장에서의 인간관계

직장에서의 올바른 자세

잠자는 시간을 제외한다면 우리는 하루 대부분의 시간을 직장에서 보낸다.
따라서 직장에서의 인간관계는 그만큼 중요하다.

성공을 부르는 인간관계 법칙 35

입이 무거워야 한다

아인슈타인은 성공의 비결이라고 해서 다음과 같은 공식을 발표한 적이 있다.

x + y + z = 성공

그는 x는 곤란한 일을 처리하는 능력이고, y는 실행력을 나타내는 것이라고 했다. 그러자 누군가가 그러면 z는 무엇을 나타내는 것이냐고 물었다. 이 천재는 이렇게 대답했다.

"그것은 자네가 입을 다물고 있을 수 있는 재능일세."

'그 사람은 입이 무거워.' 하고 인정받는 사람이면 인간관계의 노하우를 알고 있는 사람이라고 할 수 있다.

사원들이 술 한 잔하면서 상사의 험담을 안주 삼아 떠들어대는 것은 일종의 레크리에이션이다. 술이 부추기는 과장도 있다. 모두가 마음속의 괴로움을 떨쳐 버리려는 것이다.

"상무 아들이 또 사고쳤다면서?" "너도 그 소문 들었구나?" "우리 얼굴만 보면 사람은 이렇게 살아야 한다, 저렇게 살아야 한다 떠들지만 정작 제 자식 관리도 못하는 주제에……." "그럼 다행이게?" "뭐야 다른 것이 또 있어?" "이번엔 사고를 크게 쳐서 회사 법무팀한테까지 무슨 부탁을 한 모양이더라구." "뭐야. 그 사람은 공적인 일과 사적인 일을 구별할 줄도 모르나. 참 뻔뻔스럽다."

motion이 emotion을 유발한다

이렇게 한번 해대고 나면 마음은 한결 후련해진다. 그러나 동료들끼리 술자리 안주 삼아 한 얘기가 어떤 경로를 통해 당사자의 귀에까지 들어가게 되는 경우도 있다. 그러면 어떻게 될 것인가.

동료와 함께 이런저런 얘기를 함부로 할 수 없는 굳은 분위기가 되어 버리고 만다. 그리고 '누가 말했을까?' '저 녀석이 틀림없어. 상무에게 잘 보이려고 안달이 난 놈이니까.' '쟤는 너무 입이 가벼워. 무슨 말을 담아 두는 법이 없다니까.' '조심해야겠다. 또 누군가의 귀에 들어갈지 모르니까.' 이런 흉흉한 소문이 돌면 그것으로 동료 사이의 커뮤니케이션은 단절된다.

술자리에서의 이야기건, 업무상의 이야기건 할 얘기와 안 할 얘기는 가려야 하고 잊어버릴 얘기와 듣고도 입을 다물 줄도 알아야 한다. 가벼운 입놀림으로 다른 사람의 원성을 사서는 안 된다.

그런 사람이 아무리 재능이 있고 능력이 우수하다 하더라도 결국은 아무도 인정해 주려 하지 않을 것이다.

성공을 부르는 인간관계 법칙 36

진심은 진심을 불러온다

인간이란 본래 자기 본위인 것이다. 따라서 자기의 입장에서만 문제를 보려 한다.

더욱이 이해가 얽히고 설킨 상태에서는 더욱더 자기의 입장에서만 전체를 보려 하는 경향이 있다.

일본의 전자업계가 불황의 회오리에 휘말렸을 때, 마쓰시타 전기는 어느 휴양지에서 전국 판매회의를 개최했다.

유력한 판매회사 170여 곳 회사의 사장들이 모인 자리에서 마쓰시타 고노스케 회장이 의장이 되어, 3일 간에 걸쳐 격의 없는 의견을 교환했다.

회의는 불황을 그대로 반영하여 불만의 공기가 팽배했다. 170여 곳의 회사 중에서 흑자회사는 20여 곳 뿐이었다. 약 150여 곳의 판매회사 사장들의 불만이 폭발했다.

"한 마디로 말해 오늘의 적자 상태는 마쓰시타 전기의 지도 방침이 나빴기 때문이다." 라는 것이다. 마쓰시타 회장이 "그러나 이런 불황 속에서도

20여 곳의 회사는 이익을 내고 있지 않습니까? 너무 본사를 의지하는 여러분의 의뢰심(依賴心)이 이런 상태를 가져왔다고도 할 수 있는 것이 아닌가 싶습니다." 라고 설명하자,

"그런 정신론이 무슨 소용 있는가. 지금 우리에게 필요한 것은 돈이지 설교가 아니다." 하고 노골적으로 회사에 불만을 터뜨렸다.

의견이 충돌했고 이렇다할 결론없이 회의가 끝나가게 되었다. 무거운 침묵이 흐르고 마지막으로 마쓰시타 회장이 단상에 올라갔다.

"지금까지 충분히 이야기했으므로 더 이상 말할 것이 없습니다. 마지막으로, 지금까지 저도 여러분께 여러 가지 변명을 늘어놓았지만, 결국 모든 원인은 우리에게 있습니다. 마쓰시타 전기가 할 일을 제대로 하지 못한 것입니다. 최고 책임자로써 저는 충심으로 여러분의 용서를 빕니다. 이제부터는 심기일전해서 여러분들이 안정된 경영을 할 수 있도록, 여러분의 이익을 극대화할 수 있도록 근본적인 대책을 강구하겠습니다. 다시 한번 부탁드립니다."

마쓰시타 회장이 머리를 숙였다. 그러자 기묘한 현상이 일어났다. 회의장은 물을 끼얹은 듯 조용해지고 반 이상이 손수건을 꺼내 눈물을 닦고 있지 않은가.

"회장님, 저희에게도 문제가 있었습니다. 앞으로 반성하고 함께 이 어려움을 이겨나가도록 하겠습니다" 모두가 이렇게 말하는 것 같았다.

<u>진심은 진심으로 통하는 법이다.</u>

성공을 부르는 인간관계 법칙 37

기쁜 일일수록
떠들고 자랑하지 않는다

누구나 자기중심으로 문제를 본다. 그리고 무엇이나 자기에게 유리하고 편리하도록 생각하고 싶어 한다. 이것이 인간의 본성이다.

어리석은 사람은 기쁜 일이 있으면 큰 소리로 떠들지만 지혜 있는 사람은 티내지 않고 행복을 맛본다. 왜냐하면 인간 섭리의 움직임이란 미묘한 것이어서 남이 행복을 느끼면 질투심이 발동되기 때문이다.

사람들은 남의 행복에 즐거워하고 함께 축하해준다. 하지만 동시에 그 사람의 행복을 부러워하고 질투하는 묘한 마음 또한 생기는 것이다. 사촌이 땅을 사면 배가 아픈 법이니까.

기쁨을 나눈다는 것은 특별한 경우가 아니면 사실상 불가능한 일이다. 더욱이 현대와 같은 무한경쟁 사회에서는 상대방의 승리는 곧 나의 패배를 의미하는 것이므로 자신의 기쁨을 떠들어대는 것은 역효과밖에 생기지 않는다.

자기가 정당하게 받아야 할 인센티브를 받았더라도, 가만히 있으면 될 것을 기쁜 나머지 주위 사람들에게 이야기했다고 하자. 이것은 바로 동료의 라이벌 의식에 불을 붙이는 것이다.

너만 알고 있으라고 당부했겠지만 어느 사이엔가 주변에 쫙 퍼지게 된다.

"왜 그 사람만 인센티브를 받아?" "무언가 있는 게 틀림 없어." 하는 질투와 시기가 혼합된 비방을 뒤집어쓰게 될 뿐이다.

이러한 감정 폭발의 표적이 되는 날이면 아무리 인간관계를 원만히 하려고 노력하더라도 엎어진 물과 같은 상태가 되어 버리기 쉽다.

그래서 남보다 빨리 승진하거나 임원 자리에 올라간다는 것도 힘들게 된다. 사람을 밀어 올려 주기는 어려운 일이지만 오르려는 것을 훼방하기란 쉬운 일이기 때문이다.

직장은 언제나 평정해 보인다. 그러나 시기심과 질투심이 소용돌이치고 있다는 사실을 잊어서는 안 된다.

여기에 불을 붙여 자기가 그러한 감정의 소용돌이에 휘말리게 된다는 것은 얼마나 어리석은 일인가. 옛부터 어진 자는 독락獨樂을 아는 법이다.

성공을 부르는 인간관계 법칙 38

감정을 절제할 줄 안다

필자는 나관중의 〈삼국지〉 만큼이나 영화 〈대부〉를 좋아하는데 그 이유는 〈삼국지〉나 〈대부〉에는 사람이 살아가는 수많은 방식이 담겨 있기 때문이다.

〈대부Ⅰ〉에서 돈 꼬르네오네(마론 브란도 분)가 이권을 다투던 다른 마피아 패밀리의 총탄에 쓰러지자 그의 큰아들인 소니(제임스 칸 분)가 패밀리를 이끌게 된다. 아버지와는 달리 소니는 성격이 너무 다혈질이라 자기 성질을 참지 못하는 좋지 않은 습관이 있다. 패밀리의 고문변호사이자 참모인 톰(로버트 듀발 분)이 이 사태는 비즈니스적으로 접근해야지 감정에 치우쳐 일을 했다가는 패밀리 자체의 존재마저 위험에 처하게 된다고 충고한다. 하지만 소니는 눈에는 눈, 이에는 이라는 심정으로 힘으로만 모든 걸 해결하려고 한다. 결국 소니는 자기 성질을 이기지 못하고 고속도로 톨게이트에서 다른 마피아 패밀리의 기관총 세례를 받고 처참하게 죽는다.

소니는 경영자로써 패밀리를 이끌 능력이 부족했다. 그는 시원시원하고 의리를 중히 여기고 화통하고 남자다웠지만 대신 감정을 절제하는 방법을 몰랐다.

윗사람이라면 다양한 가치관을 갖고 있는 부하직원들로 하여금 자발적인 의욕과 열정으로 공동의 목표를 향해 행동시켜야 하는 의무가 있다. 윗사람의 절제없는 감정의 발산은 부하의 모티베이션 Motivation 양상의 과정에서 가장 중요한 간부의 신뢰와 열의를 없애버리는 것이다.

<u>감정을 절제하지 못한다는 것은 무능이라는 결점보다 훨씬 더 자신을 망치는 것이다. 때문에 윗사람일수록 자신에게는 엄격하고 남에게는 관대해야 하는 것이다.</u>

성공을 부르는 인간관계 법칙 39

그늘에서 남을 헐뜯지 않는다

영화 제작 스탭들은 제작자인 A의 이야기만 나오면 "그 사람에게는 뛰어난 재능이 있다." 든지 "그 사람은 훨씬 더 좋은 대우를 받을 만한 충분한 가치가 있다." 라고 입에 침이 마르도록 칭찬을 한다. 이처럼 A는 주위로부터 늘 좋은 평가를 받았다. 그가 이처럼 주위로부터 좋은 평가를 받는 이유는 의외로 간단했다. 누구나 다 알고 있는 방법이다. 즉,

<u>뒤에서 남을 흉보거나 욕하지 않는다.</u>

A는 뒤에서 남을 욕하는 것이 얼마나 좋지 않은지, 그리고 그 사람이 없는 곳에서 그를 칭찬하는 게 얼마나 사람들의 마음을 사로잡는지 알고 있었던 것이다.

누구나 다른 사람 흉보는 것을 즐긴다. 얼마나 재미있는가. 인간은 원래 다른 사람에게 비난받는 것은 좋아하지 않지만, 남을 비판하는 것은 본능적으로 좋아한다. 특히 직장인들이 술자리에서 상사나 동료를 흉보는 것은 자기 불만을 해소하고 콤플렉스를 달래는 데 어느 정도의 도움을 준다.

하지만 그 뿐이다. 잠깐 즐거울 뿐이다.

인간관계에 있어서도 손 쉽고 일시적인 만족감을 주는 것만 따라하다가는 성공적인 인간관계를 형성하기 힘들다. 인간관계에서도 역발상의 전환이 필요한 것이다. 뒤에서 욕하지 말고 그 사람의 좋은 점을 칭찬하라. 다들 다른 사람 안주 삼아 흉보는 자리에서 칭찬하는 게 어색하다면 차라리 입을 다물어라.

뒤에서 험담하는 것을 즐기는 사람들은 다른 곳에서 다른 사람에 대한 험담을 할 것이고 내가 없는 자리에서는 나에 대한 험담을 할 것이다.

뒤에서 그 사람의 참된 가치를 인정하라. 그렇게만 하면 소중한 인생의 동료를 얻게 될 것이다.

성공을 부르는 인간관계 법칙 40

조직이 갖는 마력에 취하지 않는다

 사회인이 된다는 것은 가족과 학교의 울타리를 떠나 더 큰 조직에 몸을 담게 되는 것을 말하는 것이다. 작게는 몇 명에서부터 크게는 수 만명에 이르는 사람들이 만들어가는 조직이라는 것은 하나의 커다란 생명체이다. 가치관이 각기 다른 많은 사람들이 모여 공동의 목표를 향해 정진하는 것이 조직이다.
 우리나라의 조직 문화라는 게 창의적이고 유연하며 개방적이고 수평적인 것과는 다소 동떨어져 있지만, 그래서 '집단 윤리 수준이 개인 윤리의 합보다 떨어진다.'는 막스 베버의 관료제 이론이 딱 맞아떨어지는 곳이라는 말이 심심치 않게 들리기도 하지만 그럼에도 인간은 조직 속에 소속되어 있을 때 안도감을 느끼게 된다.
 직장인이 되어 조직 문화에 익숙해지면서 거래처 사람들로부터 극진한 대우를 받고 있다는 것을 느끼게 된다. 즉 상대방이 알아서 존중해주는 것이다. 그러나 그 존중이 자신에게 취해지는 것이 아니라 자기가 소속되어 있는 조직에 대한 것임을 잊어서는 안 된다.

개인적으로 보면 겸손한 사람이 회사에 출근해서 조직 속에 들어가면 사람이 달라져 버리는 기고만장한 사람이 있고, 혹은 부드럽고 인자한 사람이 조직 속에 들어가서 전혀 융통성없이 굳어져 버리는 사람도 있다.

이러한 사람일수록 거래처에게 혹독하게 대한다. 그리고 이러한 자신의 처사가 마치 조직에 대한 충성인 것처럼 착각한다.

그러나 이러한 태도는 자기가 속한 조직의 대외적인 이미지를 흐리게 할 뿐만 아니라, 자신의 능력에 대한 올바른 평가를 그르침으로써 불행을 자초하는 경우가 많다는 사실을 결코 잊어서는 안 된다.

<u>조직의 힘이 강할수록 겸손함을 잃지 말아야 한다.</u>

성공을 부르는 인간관계 법칙 41

꽉 막힌 정의파가 되지 말라

직장에는 가끔 자기만 옳다고 생각하는 꽉 막힌 정의파가 도사리고 있다. 이러한 류의 사람들이 내리는 정의에 대한 판단 기준은 상당히 편협하며 주관적이다. 시시콜콜한 개인적 감정까지 동원하여 판단하는 것이므로 자기가 좋아하는 사람의 잘못은 흔쾌히 용서하지만, 싫어하는 사람의 잘못은 끝까지 추궁하지 않으면 직성이 풀리지 않는다.

자기의 마음에 들지 않는 것은 정의롭지 못한 것이 되어 버리고, 자기와 같은 의견을 말하는 사람은 모두가 올바른 사람이 되는 것이다. 누군가가 이런 말을 했다.

인간에게는 자기와 같은 의견을 가진 사람은 자기편으로 삼고, 다른 의견을 말하는 사람은 적으로 보아 버리는 성벽이 있다.

이러한 자기류의 정의파는 조직이나 주위 사람들에게나 마이너스 인간이다. 이렇게 자기와 다른 것은 싫다고 하고, 일관성없는 정의만을 휘둘러대는 사람은 직장 분위기까지 어둡게 만든다.

그리고 이러한 사람의 명성은 금방 식어 버린다. 새로운 일에 당면하면 모든 에너지를 집중하여 불같은 정열로 대들지만 얼마 못 가 포기해 버린다. 그리고는,

"이러한 방식으로는 안 된다. 올바르게 하고 있지 않은 사람이 있다."
하면서 사소한 일을 가지고 동료를 비난한다. 쓴 것은 내뱉고 단 것만 삼키려 하기 때문에 자기와 다른 생각을 하는 사람과 동화해 나갈 수가 없는 것이다.

이래서는 사회가 복잡하게 발전해 가고 가치관이 다양화되고 있는 현대에 있어서는 다른 사람과 사이좋게 해나간다는 것은 불가능한 일이다.

성공을 부르는 인간관계 법칙 42

경영자가 요구하는 인재상

미국의 어떤 산업 심리학자는 경영자가 간부 사원을 채용할 때에 구하는 성격으로서 다음과 같은 다섯 가지를 들었다.

첫째, 적극적일 것
자진해서 문제에 맞서 나가는 의욕과 자세다. 번잡을 두려워하지 않으며 노력을 아끼지 않는다. 문제점도 스스로 대처해 가는 적극성이 있다. 이 적극성이야말로 행동력의 기본이다. 따라서 어떠한 분야에 종사하든 무엇인가를 이룩하려는 사람에게는 반드시 갖추어야 할 절대 조건인 것이다.

둘째, 강한 정신력이 있을 것
일에 대해 전력을 경주할 수 있는 힘이며, 장애를 헤쳐가는 능력이다. 그리고 문제에 좌절하지 않는 용기다.

셋째, 끈기가 있어야 할 것

일단 결단을 내린 일은 일이 마무리될 때까지 물고 늘어지는 의지력이다. 다른 사람들이 포기하더라도 이에 굽히지 않는 집념이다. 장애가 오더라도 물러나지 않는 끈질김이다.

넷째, 원숙미가 있어야 할 것

노여움도 슬픔도 나타내지 않는다. 즉 노여움이나 슬픔을 극복해 가는 감정의 밸런스가 잡힌 인간이어야 한다. 자제심이 강하고 원칙과 어긋난 변화에 쉽게 움직이지 않는다.

다섯째, 협조성이 있을 것

적응성이 풍부하고 커뮤니케이션에 능하며 부하나 동료와도 잘 융화해 갈 수 있는 인간이어야 한다.

이상의 다섯 가지다. 그러나 이러한 성격은 생리적인 성질에 의하는 경우가 많다. 그 후의 노력에 의해서 어느 정도까지는 배양될 수 있지만, 인간의 개성, 기질, 성격이란 소년기 이전에 형성되기 때문이다.

인내심이 부족한 사람에게 무한한 인내심을 요구하기란 어렵다. 또한 정신력이 약한 사람에게 강한 정신력을 요구한다고 하더라도 금방 몸에 배일 수는 없는 일이다.

그러나 인간의 성격이 전혀 변하지 않는 것은 아니다. 여러 가지 경험을 쌓아감에 따라 조금씩 변한다. 특히 책을 읽고 선배들의 이야기를 듣고 스스로 노력함에 따라 조금씩 조금씩 변화되어 가는 것이다.

따라서 몇 년 전에는 적극성이 부족했던 사람이라도 지금은 적극적으로 자기 일을 밀고 나가는 케이스는 얼마든지 볼 수 있다. 특히 극심한 역경

속에서 피를 토하는 고생을 이겨낸 사람은 더욱 많이 변할 수밖에 없다.
 자기에게 부족한 어떤 성격을 메우려는 꾸준한 노력은 그 순간부터 경영자가 요구하는 인재상과 성공적인 인간관계를 형성하는 초석을 다지는 것이다. "내 나이가 몇 살인데 너무 늦지 않았을까?" 라고 낙담하지 말라. 늦었다는 생각이 들었을 때가 가장 빠른 때이다.

성공을 부르는 인간관계 법칙 43

여성상사와의 올바른 인간관계

영화 〈지 아이 제인 G.I. Jane, 1997〉에서 조단 오닐 중위(데미 무어 분)는 남자들도 60%가 탈락한다는 네이비씰 특전단 훈련에서 유일한 여자로 참가한다. 그녀의 특전단 참가의 뒷배경에는 온갖 이해관계가 얽혀 있는 정치판의 추잡한 다툼이 자리잡고 있었지만, 단지 여자라는 이유로 걸프전 참전을 거부당했던 오닐 중위는 이것을 자신의 능력을 펼칠 수 있는 기회라고 생각한다.

동료와 상관은 이 낯선 여자의 출연이 전혀 반갑지가 않다. 남자들만의 전통이 살아 숨쉬고 있는 네이비씰 특전단에 여자가 낀 것에 대해 그들은 불쾌감을 드러낸다. 인간으로 감당하기 어려운 온갖 고통과 어려움을 이겨내고 주위 동료들에게 남자, 여자가 아닌 한 사람의 당당한 특전대원으로 인정받게 된다는 게 영화의 주된 줄거리이다.

옛부터 정치조직이나 사회조직의 중추세력은 남자들이었다. 하지만 여성들의 사회적 참여가 활발해지면서 이제는 남자, 여자를 따지는 게 전근

대적인 사고 방식이 되었다.

직장에서의 인간관계를 주제로 한 연수를 하다 보면 휴식 시간에 "여성 상사와 잘 지내는 방법이 무엇인가요?"라고 묻는 사람들이 있다. 그들에게 "여성상사와 지내는 데 어떤 어려움이 있습니까?"라고 물어보면 "히스테릭하거나 자신의 감정을 그대로 노출한다." "자신의 기분에 따라 지시를 내리기 때문에 일관성이 없다." "남자 부하 직원들의 말에 귀를 기울이지 않는다." "특정한 남자 직원들에게 잘해 준다." "여자 직원의 화장이나 옷차림을 흉본다." 등의 대답을 하곤 했다.

물론 그들이 말한 대로 이런 류의 여성상사도 있을 것이다. 그런데 곰곰이 생각해 보면 위 문제는 비단 여성상사에게만 국한시켜서 생각할 수 있는 문제가 아니다. 남자상사라도 위와 같다면 원만한 관계를 형성하기 힘든 건 마찬가지다.

물론 여성만이 갖고 있는 특징이 있다. 예를 든다면 정보를 처리하는 과정에서 흔히 여성은 지엽적인 문제에 관심이 많고 분석적이다. 이에 반해 남성은 큰 그림을 그린 후에 초점을 맞춰 일한다. 이런 류의 다름은 남성과 여성이 근본적으로 다르다는 사실을 이해하고 다른 성性이 갖고 있는 특징에 대해 열린 마음으로 받아들임으로써 모색이 가능하고 해결점을 찾을 수 있는 것이다.

그럼에도 불구하고 여성에 대해, 특히 여성상사에 대해 삐딱한 시각을 갖고 있는 사람들이 적지 않다. 즉,

"여자 주제에……." 라는 식으로 여성을 멸시하는 태도를 갖고 있다. 이런 왜곡된 시각을 갖고 있기 때문에 여성상사를 받아들이기가 더욱 어렵

게 된다. 윗사람이 여자라는 것 자체를 받아들일 수 없는 것이다.

  이런 사람들은 봉건사회에 살아야 한다. 그러므로 현대 사회에서는 적응할 수 없는 사람들이다. 생각을 바꾸던가 아니면 조직을 떠나 혼자만의 삶을 살아가는 것이 상책이다. 결혼도 될 수 있으면 하지 않는 게 좋다.

  여자와 남자의 다름은 인정하되 상사를 남녀로 구분지을 필요는 전혀 없다. 이 말은 사회 생활을 하는 남자든 여자든 모두에게 공통으로 적용되는 것이다.

Vocation 직장 | 직장에서의 인간관계

'NO' 라고 말하는 용기

직장에서 상사나 높은 지위에 있는 사람들로부터 청탁이나 부탁을
받았을 때 주관에 따라 'NO' 라고 말할 수 있는 용기가 있어야 한다.

성공을 부르는 인간관계 법칙 44

'NO' 라고 말할 수 있는 사람이 되자

당신은 'NO' 라고 해야 될 상황에서 'NO' 라고 말할 수 있는가?

인생을 살다 보면 'NO' 라고 말해야 할 때와 상황이 있다. 어떤 때일까?

말하자면 자신의 생각을 주장하거나 '나' 를 지킬 필요가 있을 때이다. 그런 경우 'NO' 라고 말하고 싶었지만 그렇게 하지 않았기 때문에 후회하게 된다.

누구나 그런 체험이 한두 번씩은 있을 것이다. 그런데 개중에는 한두 번이 아니라 항상 그런 일을 되풀이하는 사람이 있다. 그래서 손해를 보고 있다고 생각하는 사람이 있다.

직장에서 젊은 사람들은 연배가 있는 사람들에 비해 'NO' 라고 말하는 데 어려움을 덜 느낀다. 상사가 야근을 하라고 말해도 "오늘은 선약이 있어 야근을 할 수 없습니다." 하고 당당하게 거절한다. 무슨 일을 시켜도 "그것은 이러저러한 이유로 제가 할 일이 아닙니다." 하고 정중히 거절한다.

이와 같이 'NO'라고 확실히 주장하는 사람을 비판적으로 보는 사람도 있다. 'NO'라고 말하며 자신의 이익이나 입장을 지키려는 것을 보고 화를 내거나 어이없어하거나 때론 부럽다는 생각을 하기도 한다. 자신의 상황이나 이익만을 생각하는 이기주의자라고 비판하기도 한다.

그런 사람들 중에 확실히 이기적인 사람도 있다. 그런 처세를 무조건 긍정할 마음은 없다. 같은 'NO'라고 해도 자신이나 상대방 모두에게 건전한 것이 중요하다.

그런 한편, 'NO'라고 말할 수 없는 것을 당연하다고 생각하여 자신의 행동 패턴으로 굳어지고, 결과적으로는 자신의 인생을 당당하게 살아갈 기회를 잃어버리는 사람도 있다.

그리고 어느 날 갑자기 '잠깐 기다려! 이렇게 살다가는 내 인생은 실패로 돌아가고 말 거야.' 하고 깨닫는다. 또는 자신의 몸이나 마음의 건강을 해치고 나서야 비로소 자신의 삶을 돌아본다.

사실은 그런 사람들이 카운슬링 임상실에 많이 등장한다.

'나는 왜 인생이나 일에 의욕을 느끼지 못하는 걸까? 왜 일상이 즐겁지 않은 걸까?'라는 식의 고민을 안고 찾아간다.

그리고 "왜 'NO'라고 해야 할 때 그렇게 하지 않았나요?"라는 질문을 시작으로 그 원인을 파헤치는 작업을 시작한다.

성공을 부르는 인간관계 법칙 45

'NO' 라고 말하지 못하는 행동 패턴

먼저 'NO' 라고 말해야 할 때를 잘 모르는 사람들이 실제로는 아주 많다. 그것을 판단하고 인식하는 방법을 모르겠다는 것이다.

다음으로는 'NO' 라고 말하려면 무엇이 필요하며 어떻게 하면 좋을지 모른다.

이러한 과정과 결론에의 도달은 결코 간단하지 않은 듯하다. 많은 시간이 필요한 사람이 있는가 하면 그렇지 않은 사람도 있다.

어쨌거나 먼저 깨닫는 것에서부터 시작해야 한다. 자신의 행동 패턴을 깨닫지 못하면 시작할 수 없다. 'NO' 라고 말하지 않고, 'NO' 라고 말할 수 없는 자신의 행동 패턴이 자신의 인생에 어떤 영향을 미치고 있는지를 깨달아야 한다.

자신의 행동 패턴을 깨닫는다는 것은 거울 앞에 서서 거울에 비친 자신과 대면하고, 자신을 확실히 파악하는 것이다. 그러기 위해서는 용기가 필요하다. 거울 속에 비친 자신의 진정한 모습, '예스맨' 이라는 가면을 쓰고 있는 자신, 그 가면 밑에 감춰져 있는 진정한 얼굴을 보는 데는 용기가 필요하다. 하지만 그런 용기가 생겼을 때는 반드시 무슨 일이 일어난다. 무엇인가가 변화하는 것이다.

먼저 자기 자신이 될 것

의욕을 주제로 한 세미나에서 만난 우치다 료이치 씨.

첫날 연수가 끝나고 휴게실에 돌아와 쉬고 있는데 그가 들어오더니 "잠깐 드릴 말씀이 있어서요." 하고 말문을 열었다.

우치다 씨는 어느 전기 제품 회사의 영업 사원이었다. 상사의 권유로 세미나에 참석한 것이다. 세미나 도중에 다음에 소개하는 자기 분석 점검표를 해보고 난 뒤 깨달은 바가 있다고 말했다.

- 남을 도와주고 싶은 마음이 있다 ☐
- 자신의 일로 사과하는 경우가 많다 ☐
- 자기 자신을 책망한다 ☐
- 자신의 일을 주위 사람들이 어떻게 생각하고 있는지 늘 신경이 쓰인다 ☐
- 남의 감정에 민감하다 ☐
- 스스로를 현관 매트처럼 생각한다 ☐
- 자신만을 위한 시간이 없다 ☐
- 남의 비판을 두려워한다 ☐
- 나는 완전주의자이다 ☐
- 나는 여간해서는 'NO' 라고 말하지 못한다 ☐

그는 자신이 영합형에 속한다는 것을 알았다.(참고로 6개 이상이면 영합형일 가능성이 크다.) 그리고 자신이 'NO'라고 말하지 못하는 것은 왜일까? 그것이 자신의 인생에 어떤 영향을 미치고 있는 것일까? 또 인생이나 일에 대한 의욕과의 관계 등등을 진지하게 생각해보고 싶다고 말했다.

용기란 먼저 자기 자신이 되는 것이다. 무엇인가를 하기 위한 용기를 갖기 전에 자신이 되는 용기가 필요하다.

자기 자신이 되려면 자신을 알아야 한다. 진정한 자신과 대면하여 자신-생각, 사고, 기분을 알 때 비로소 그 자신을 주장하고 지키기 위한 'NO'를 말할 수 있게 되는 것이다.

성공을 부르는 인간관계 법칙 46

'NO'를 말하지 않는 죄, 'NO'를 듣지 않는 죄

어느 소비자 금융 회사의 채권 회수 담당자들을 대상으로 연수를 했을 때의 일이다. 채권 회수에 카운슬링마인드 기법을 활용하고 있는 어느 영업소 소장이 상담을 하러 왔다.

"과거의 위압적인 방법으로 실적을 올려 현재 부장자리에 오른 상사가 카운슬링 기법이 좋지 않다는 주장을 하는 바람에 스트레스를 받고 고민에 빠져 있습니다." 라는 내용이었다. 상사에게 'NO' 라고 말하지 못하고 곤혹스러워하고 있었다.

상사에게 'NO' 라고 말해야 할 때와 말하지 않아도 좋을 때가 있다. 그러나 'NO' 라고 말해야 한다고 판단했음에도 'NO!' 라고 말하지 않는 것은 엄연히 죄이다.

같은 죄라도 범하는 죄 sin of commission와 성립하지 않는 죄(무시하는 죄) sin of omission 가 있다. 범죄를 알고 있으면서도 모르는 척하고, 보고 있으면서도 못 본 척하는 것도 범죄이다. 말하자면 범죄를 용인하는 죄이다

'NO' 라고 해야 할 때 'NO' 라고 하지 않는 것은 사회에 대한 죄가 될 수도 있는 것과 더불어 자신에 대한 죄가 되기도 한다. 오히려 그런 죄가 더욱 무겁다.

'NO' 라고 말하지 않았기 때문에 자신이 괴로워진다. 말하지 않았기 때문에 자책하는 마음에 사로잡히게 된다. 그것이 정신 건강에 좋지 않다는 것은 말할 나위도 없다.

평소에 자신에게 잘해준 상사가 회의 석상에서 어떤 의견을 제시한다. 상사가 자신을 보며 내 의견에 어떤 생각을 갖고 있는지 말해 보라고 한다. 그 의견에 문제점이 있다는 생각이 든다. 하지만 평소 자신에게 관심을 준 상사와의 관계도 있고 해서 뭐라고 대답해야 할지 모르는 이와 같은 상황이 발생하기도 하는 것이다.

성공을 부르는 인간관계 법칙 47

부하 직원의 'NO'를 무시하는 상사

'NO'라고 말해야 할 때 말하지 않는 것이 죄가 되는 것과 마찬가지로 부하 직원의 'NO'에 귀를 기울이지 않는 상사도 죄를 범하는 것이다.

부하 직원의 'NO'가 회사에 중요하고 가치 있는 의견이나 정보라고 해도 상사에게 들을 귀가 없기 때문에 그 정보가 회사 최고경영자에게 도달하지 않는다. 그 결과 회사가 큰 손실을 입는 경우가 있다. 때로는 회사의 존립 자체를 위협할 수도 있다.

부하 직원의 'NO'에 귀를 기울이지 않는 상사가 범하는 죄는 크다. 또한 사내의 마이너스 정보(좋지 않은 이야기)를 들었을 때 수렴하지 않는 경영자의 죄도 크다. 경영자가 사내의 마이너스 정보에 둔감하면 조직 자체가 무너질 위기를 몰고 올 가능성도 결코 배제할 수 없다.

그런 경영자는 경영을 할 자격이 없다. 그런데 실제로는 이러한 유형의 경영자가 우리 사회에 적지 않다. 그런 경영자는 회사는 물론 주주와 회사가 담당하고 있는 사회적 역할에 대해서도 큰 잘못을 짓고 있는 것이다.

그것이 국가 공공기관일 경우에는 더욱 그렇다.

정치가들 중에도 그런 사람이 적지 않다. 예스맨만을 자기 주변에 두고 정치를 좌지우지하다가 결국 자신의 신세를 망칠 뿐 아니라 사회와 국가에 대해 커다란 죄를 범하는 사람이 있다.

부하 직원의 'NO'에 귀를 기울이지 않는 상사나 경영자, 공무원, 정치인, 지도자는 모두 큰 죄를 범하고 있는 것이다. 다른 사람의 위에 서 있는 사람은 밑에서 올라오는 마이너스 정보에 귀를 기울이는 자세가 중요하다. 부하 직원에게 소신껏 'NO'를 말하게 하고 그것에 진지하게 귀를 기울이며 상층부에 상달할 수 있는 간부를 육성하는 일과 'NO'를 수렴하는 시스템, 'NO'라고 말해도 부당한 대우를 받지 않는 시스템, 아니 오히려 그런 자세를 장려하는 시스템을 만드는 것이 급선무다.

성공을 부르는 인간관계 법칙 48

'NO' 라고 했을 때 일어날 상황을 두려워 말라

"저는 요즘 스스로 생각한 바가 있어 직장에서 자신있게 'NO' 라고 말하게 되었습니다. 그야말로 누구에게나 'NO' 라고 말하게 된 것이죠. 그런데 'NO' 라고 말한 뒤에는 어김없이 파문이 일고 인간관계가 꼬이는 일이 잦아졌으며 갈등마저 생기게 되었습니다. 정신적으로 많은 에너지를 쏟는 탓인지 심한 스트레스까지 받는 일도 허다했습니다. 때때로 다른 사람이 말하는 대로 따르며 주위에서 결정한 일을 그저 묵묵히 받아들이는 사람, 그리고 파문을 일으키지 않고 그다지 고민도 하지 않으며 사는(산다고 생각하는)사람을 보면 부럽다는 생각이 들어 다시 원래대로 돌아가고 싶다는 마음이 들기도 합니다.

하지만 역시 'NO' 라고 말하고 싶을 때 'NO' 라고 말하는 것이 훨씬 기분이 좋습니다. 설령 파문이 일어나더라도 말이죠.

'NO' 라고 말하는 방법을 터득하자 그것이 그렇게 어렵게 느껴지지 않게 되었습니다. 때로는 피곤하지만 'NO' 라고 말하는 스스로를 즐기고 있습니다." 고 어떤 남성은 고백하였다.

우리 주변을 보면 인생을 살아가는 방법이 모두 상당히 다르다는 것을 깨닫곤 한다. 당연한 얘기인지도 모르지만 모든 사람이 똑같이 살고 똑같은 자세로 인생을 살아가는 것은 아니다.

세 가지 처세법

사람은 제각기 자신의 생각이나 감정으로 살아가기 때문에 처세법이 다르다. 각양각색의 처세법이 있겠지만 그것을 굳이 분류하자면 대체로 다음과 같은 세 가지 유형으로 크게 나눌 수 있을 것이다.

첫째, 수동적인 유형
스스로 일을 만들지 않고 세상에서 일어나는 사건이나 자기 주변에서 일어나는 일을 순순히 받아들이며 사는 타입.

둘째, 반동적인 유형
무슨 일이 일어났을 때 거기에 반동하는 형태로 행동하며 살아가는 타입. 상대방이나 주변의 상황, 움직임 등에 대응하여 행동하는 데 스스로 솔선하여 일을 벌이거나 행동하지 않는 타입. 기회주의적 성격이 강하다.

셋째, 능동적인 유형
스스로 솔선하여 적극적으로 일을 만들며 살아가는 타입. 결과를 두려워하지 않고 대응하는 타입이다.

물론 이들 세 가지 타입에 정확히 들어맞지 않는 사람도 있다. 자신은 이 세 가지 타입의 중간적인 타입이라고 생각하는 사람도 있을 것이다. 때로는 대체로 수동적이지만 때와 상황에 따라서는 반동적이 되거나 드물게 능동적이 되는 사람도 있다. 혹은 주로 능동적이지만 경우에 따라서는 수동적인 사람도 있다.

파문을 일으키고 고민하는 것도 인생의 묘미

어쨌거나 자신의 처세나 자세(인생에 대한 태도)에 따라 자신이 직면하는 상황에 대해 받아들이는 태도, 느끼는 정도, 생각하는 자세, 행동에 대한 선택 방법 등이 다르다.

그리고 자신이 취한 행동에 대한 반응도 모두 제각각이다. 언제나 반동적으로 살아가는 사람은 그때그때 상황이나 주변 환경에 대해 영합적이기 때문에 자기 주위에 있는 사람들과 트러블을 일으키지 않고 원만하게 살아간다. 파문이나 트러블을 일으키지 않기 때문에 겉으로 보기에는 행복해 보이지만 사실은 그렇지도 않다.

한편 능동적인 사람은 스스로 일을 만들 뿐 아니라 인간관계를 뒤흔드는 일도 자주 발생한다. 물론 파문도 일어난다. 그 결과 인간관계에 갈등을 몰고 올 가능성도 농후하다. 그 때문에 고민하거나 때로는 잠을 설치는 일도 생길 수 있다. 하지만 인간다운 삶에 만족을 느낀다.

한번 생각해 보자. 고민이나 괴로움이 전혀 없는 인생이란 기대할 수 없다. 설령 고민이 전혀 없는 사람이 있다 해도 그 사람은 진실한 인생을 살아가고 있는 것이 아니라는 생각마저 든다.

우리는 인생을 시작할 때, 이 세상에 생을 받았을 때 이미 고뇌를 체험하고 있는 것이다. 아홉 달 동안 안락함으로 충만한 어머니의 태내에 있다가 때가 되어 몸 밖으로 밀려 나온 이 세상은 어떤 세계인가. 온도나 감촉의 차이. 귀에 들어오는 여러 가지 잡다한 소리. 처음 자신의 힘으로 호흡을 하고 젖을 빤다는 체험. 이 모든 것들은 결코 즐거운 체험이라고 할 수 없을 것이다.

이와 같이 인생은 태어난 순간부터 고뇌의 체험을 맛보는 것이다. 그리고 살아 있는 한 계속해서 고뇌를 체험하게 될 것이다.

인생 최대의 과제는 고뇌를 즐거움으로 바꾸는 것

한편 아기는 태어나자마자 웃는 것을 배운다. 최소한 몇 주 후에는 자신에게 관심을 보이는 주변 사람들에게 미소를 짓기 시작한다.

신기한 일이라고 생각하면 그럴 수도 있지만 사실 그렇지는 않다. 인간은 주변 환경에 대해 플러스가 되는 것에 적응하는 능력을 생득적으로 갖고 태어난다. 이 세상에서 생을 받고 체험하는 여러 가지 위화감이나 불쾌감을 즐거움으로 바꾸는 능력이라고 할 수 있을 것이다.

그런 용감함은 어떤 사람이든 갖추고 있다. 웃음을 학습하는 아기의 능력은 고뇌를 즐거움으로 바꾸는 인간의 능력의 원점이 거기에 있다는 것을 말해 주는 것이다.

인생 최대의 과제는 살아가면서 피할 수 없는 인생의 고뇌를 즐거움으로 바꾸는 데 있다고 해도 지나친 말은 아닐 것이다.

따라서 'NO' 라고 함으로써 발생하는 파문을 두려워할 필요는 없다.

'NO' 라고 말하는 것이 주체적이고 능동적으로 살아가는 증거라면 그 결과를 충분히 즐기자. 인간다운 인생을 인간답게 살아가는 증거라고 생각하고 거기에 기쁨을 부여하고 즐기는 현명한 태도가 필요한 것이다.

성공을 부르는 인간관계 법칙 49

가치관이 분명할 때 'NO'라고 말한다

　이 세상에는 타협해서 될 일과 절대 타협해서는 안 되는 일이 있다. 그것을 구별하는 것이 무엇보다 중요하다.
　또 인생에서 'NO'라고 말하지 않아도 될 일과 무슨 일이 있어도 'NO'라고 해야 할 때가 있다. 직장에서도 그런 일은 분명히 있을 것이다. 공무원 신분이라고 해도 입장을 뛰어넘어 'NO'라고 해야 할 때가 있다. 상사나 사장 또는 고객에 대해 절대 타협할 수 없는 일로 'NO'라고 해야 될 때도 있다.
　그런데 그것을 어떻게 인식하고 판단해야 하는 걸까? 결코 쉬운 일이 아니다. 또 그러한 판단을 했다고 해서 쉽게 실행에 옮길 수 있는 것도 아니다.
　먼저 제대로 판단하기 위해서는 자신의 가치관을 명확히 정해두어야 한다. 자신에게 무엇이 중요한 일인지를 판단할 근거를 분명히 정해두지 않으면 안 된다. 자신을 지키기 위해서 그리고 자신의 입장을 지키고 책임을 다하기 위해서라도 말이다. 그리고 자신의 생활이나 생명을 지키기 위해서라도 그래야 하는 것이다. 나아가 자신의 가족을 지키고 회사를 지키고 사회나 국민의 안전을 위해서라도 말이다. 방치해서 좋은 일과 그래서는 안 되는 일, 용납할 수 있는 일과 용납해서는 안 되는 일이 있을 것이다. 또한 도의적, 윤리적, 법률적으로 결코 간과해서는 안 되는 일도 있다.

후회하지 않을 판단을 하기 위해서는 견식이나 양식, 사상이나 원리 원칙을 고수하는 것이 중요하다. 그렇지 않으면 부화뇌동하여 그때그때 기분이나 상황을 좇고, 'NO'라고 해야 할 때 'NO'라고 하지 않으며, 타협해서는 안 될 때 타협해 버리는 과오를 범하게 되는 것이다.

자신의 가치관을 분명히 정해두면 양보할 수 없는 일과 양보해도 될 일을 명확히 판단할 수 있을 것이다. 또한 중요한 일에는 분명한 태도를 취하고, 사소한 일에는 대범한 태도로 대응할 수 있게 될 것이다.

성공을 부르는 인간관계 법칙 50

'NO' 라고 말하기가 쉬운 일이 아니다

치카다 우기히로 씨는 자동차 회사의 검사 부분 과장이다. 제품에 하자가 발견되었는데 안전 문제가 발생할 가능성이 높아 직속상사인 부장에게 의논했다. 불량 부분의 수정을 제안했지만 시간과 비용 측면에서 부장은 치카다 씨의 제안을 거절하고 그냥 계속 진행하기로 결정을 내렸다. 그러고는 은폐공작까지 당부했다.

치카다 씨는 부장의 제의를 거절하고 해서는 안 될 일이라며 진언을 했다. 그럼에도 불구하고 은폐공작은 추진되어 버렸다. 게다가 치카다 씨는 다른 부서로 좌천 발령이 났다.

1년 후 불량차에 대한 소비자의 항의가 많아지고 사회적인 문제가 되자 회사는 문제가 된 차를 모두 리콜 처리하기로 결정했다. 회사로서는 큰 소실을 입게 된 것이다.

내부 조사를 한 결과 부장의 지시에 의한 은폐공작이 밝혀졌다. 부장을 포함 관련 인사 전부가 해고되었다. 그 후 제품의 안전에 대한 원칙을 고

수한 치카다 씨는 다시 원래 부서로 발령받았고, 자신의 일에 더욱더 열과 성의를 다해 매진했다.

부장으로 승진한 치카다 씨는 앞서의 경험을 살려 "부하 직원이 안심하고 'NO' 라고 말할 수 있는 그런 상사가 되고 싶다."는 결심을 하였다.

어쩌면 이러한 해피엔딩적 결말 사례는 드문 예인지도 모른다. 현실은 상사에게 'NO' 라고 말한 결과 자신에게 마이너스 결과를 초래하고 말았다는 사례가 훨씬 많을 것이다. 하지만 원칙에 어긋난 상황이 발생했을 때 결코 뒤로 물러서거나 못본 척 해서는 안 된다.

짧게 보지 말고 길게 보라. 그러면 답을 얻을 수 있을 것이다.

성공을 부르는 인간관계 법칙 51

불운에 대하여 'NO' 하라

상사는 너무나도 쉽게 '의욕을 내라.' 고 말한다.

하지만 그 의욕이라는 말의 의미를 명확히 알고 사용하는 경우는 많지 않다.

의욕이라는 말을 애매모호하게 사용하면 그 말 자체에 휘둘리게 된다.

상사가 '의욕을 내라.' 고 말을 해도 무엇이 의욕인지 모르면 더욱 매진할 기분이 나지 않을 것이다. 의욕이라는 게 노력한다고 해서 쉽게 솟구치는 게 아니기 때문이다.

의욕이 대체 뭔가요? 하고 상사에게 물어보고 싶어진다. 무엇이 의욕인지 모른다면 어쩔 도리가 없는 것이다.

의욕을 주제로 한 연수에서 수강자에게 "의욕이란 뭐라고 생각하세요?"라고 물어보자 즉시 대답하지 못하는 사람이 많았다. 그래서 필자 나름대로 정의를 소개하였다.

의욕을 영어로는 Self Empowerment라고 한다. Empower 란 힘을 넣

다, 라는 뜻, 다시 말해서 스스로 힘을 넣은 것이 의욕이다.

인간에게는 여러 가지 힘이 있다. 체력, Mental Power(지력, 감성력, 정신력, 의지력), 그리고 Social Power(인간관계에서 얻어지는 힘) 등. 의욕이 없는 것은 체력이나 정신력이 결핍되어서인지도 모른다. 그러지 않으면 직장 내에서의 인간관계, 가족과의 관계에서 힘을 얻고 있지 못하기 때문인지도 모른다. 이들 힘이 종합적으로 충만해 있는 것이 의욕이 넘치는 상태를 낳는 것이다. 반대로 이들 힘 중 어딘가가 부족한 것이 의욕의 정체, 감퇴를 초래한다.

그렇다면 어떤 힘이 결여되어 있는지, 부족한지를 체크하여 모자라는 부분을 보충해야 할 것이다.

목표에 장애가 되는 것을 뛰어넘는 사람이란?

대부분의 사람은 어떤 목표를 지향하며 살아간다.

물론 개중에는 그저 막연히 인생을 표류하고 있다고 생각하는 사람도 적지 않다. 인생의 목표가 명확하지 않고 막연히 살아가는 사람에게는 무슨 일에도 하고자 하는 의욕적인 에너지를 그다지 느낄 수 없다.

인생의 목표는 사람에 따라 다른 것이 당연하다. 하지만 에이브러햄 매슬로 Abraham H. Maslow 1908~1970 가 설파한 것처럼 인간은 자아실현이라는 목표를 향해 계속 성장해 가는 존재이다. 인간이 갖고 있는 생리적인 욕구, 안정에 대한 욕구, 애정, 소속에 대한 욕구, 승인 욕구 등도 모두 자아실현이라는 궁극적인 목표를 지향하고 있다. 우리는 의식적 또는 무의식적으로 자아실현을 목표로 살아가는 것이다.

그런데 인생을 살다 보면 자아실현을 방해하는 여러 가지 장애에 부딪친다. 장애가 없는 인생은 없다. 자기가 원하는 대로 되어주지 않는 것이 인생인 것이다. 불운이라고 생각되는 상황을 만날 수도 있다. 그러한 때에 자신의 불운을 한탄하고 체념하고 장애에 지고 마는 사람도 적지 않다.

"시대를 잘못 타고났다." "상대방 잘못이다." "이런 상사 밑에 있는 것은 불운이다. 체념할 수밖에 없다." "이런 동료와 함께 일하게 되다니……." "이런 여편네." 라고 체념하고 한탄하는 사람이 적지 않다. 그런 사람이 의욕을 잃어버렸다고 해도 조금도 이상하지 않다.

반면에 그런 불운을 이겨내고 장애를 극복하는 사람이 있다. 자신의 불운에 대해 'NO' 라고 말하며 결연히 대항하는 사람이 있다. 의욕이 있는 사람은 자신의 인생에 'YES' 라고 말하고 불운에 대해 'NO' 라고 말하는 사람인 것이다.

이와 같이 의욕을 회복하는 사람에게는 몇 가지 특징이 있다. 그것을 열거해 보자.

첫째, 왜 의욕이 없는지를 생각한다. 단지 의욕이 없는 것만이 아니다.
둘째, 어디에 에너지가 부족한지를 생각한다.
셋째, 어떻게 하면 그 에너지를 얻을 수 있는지를 생각한다.
넷째, 에너지는 자신이 자신에게 주는 것이라고 확신하고 있다.
다섯째, 자아실현이라는 목표를 확고히 갖고 있다. 그러기 위한 장기 목표와 단기 목적을 설정하고 있다.

'NO' 라고 말하는 것은 마이너스 에너지가 아니다. 플러스 에너지인 것이다.

"인간에게는 불운에 저항하는 정신적인 힘이 내재해 있다"고 설파한 빅코르 프랭클의 말을 명심하자.

자아실현을 방해하는 장애에는 용기를 내어 'NO' 라고 말하자, 'NO' 라고 말해야 할 때 당당하게 'NO' 라고 말해라. 그렇게 하면 마음속 숨죽이고 있던 의욕이 솟구치는 것을 느낄 수 있을 것이다.

성공을 부르는 인간관계 법칙 52

'NO' 하지 못한 사람이 뒷공론한다

부하 직원에게 뒤지고 싶지 않고 상사에게도 이기고 싶다.

승부에 지고 싶은 사람은 없을 것이다. 사람이라면 누구나 이기고자 하는 마음을 갖고 있다. 그것은 비단 스포츠 경기에만 국한된 것은 아니다. 일에 있어서도, 인생에 있어서도 마찬가지다. 인생의 패자가 되는 것을 원하는 사람은 아무도 없을 것이다.

상사와 부하직원의 관계도 마찬가지이다. 누구나 자신의 실적을 상사에게 인정받는 것을 강렬히 원한다. 더욱이 제대로 인정받기를 원하고 있다. 제대로 된 평가를 받지 못할 때 불만스럽게 생각하는 것은 당연하다.

하물며 자신의 실적을 부정하거나 심지어는 실적을 가로채는 상사라도 있다면 그 부하직원의 불만을 가히 짐작할 수 있을 것이다. 개중에는 "이런 상사 밑에서 일하느니 그만두는 게 낫다." 또는 "이런 더러운 회사는 망해 버려야 돼!" 하는 마음을 품을지도 모른다. 부하직원이 그렇게까지 느낄 경우 결말은 상상하기조차 두렵다.

여기서 삼단 논법을 적용하면 이렇게 된다.

'인간은 누구나 이기고 싶어 한다.' '부하직원도 인간이다.' 가 되면 '그 부하직원도 이기고 싶어 한다.' 가 된다. 이런 논법을 생각하면 상사와 부하직원의 관계는 승자와 패자의 관계가 아니라 양쪽이 모두 이기는 '윈윈 WIN-WIN' 관계가 되는 것이 가장 바람직하다.

그런데 현실적으로는 그런 윈윈 관계는 찾아보기 힘들다. 대부분이 Win-Lose 관계이다?

여기에서 다시 삼단 논법을 상기했으면 한다.

'인간은 누구나 이기고 싶어 한다.' 그리고 '그 부하직원도 인간이니까 이기고 싶어 한다.' 는 욕구를 갖고 있다. 그렇다고 하면 '상사로 인해 피해를 입었다.' 는 생각을 품고 있는 부하직원은 어떤 수단을 동원해서라도 자신이 이길 방법을 찾게 될 것이다.

불건전한 형태로 불만 해소

그러면 상사로 인해 피해를 입었다고 느낀 부하직원은 어떤 형태로, 어떤 수단을 써서 이기려고 할까? 몇 가지 선택을 추측해 보자.

첫째, 상사에게 대든다

부당한 평가나 대우에 대해 불만을 토로한다. 'NO' 라고 당당히 말하며 자신을 주장한다. 납득할 수 있는 설명을 요구한다.

둘째, 상사에게 앙갚음을 한다.

상사를 패자로 만들고 자신은 승자로 만들 방법을 강구한다. 여기에는 다음 두 가지 방법이 있다.

■ 직접적인 방법 – 상사에게 신체적인 위해를 가한다(감정적이고 성질이 급한 사람에게서 많이 볼 수 있다). 정신적인 위해를 가한다(상사에게 불이익이 될 험담을 하거나 나쁜 소문을 퍼뜨리거나 사생활 문제를 폭로하는 등). 스스로 부정행위를 하여 회사에 해를 입힌다(횡령 등).

■ 간접적인 방법 – 바쁠 때 회사를 그만두어 상사를 곤경에 빠뜨린다. 다른 사람의 힘을 빌린다(대중 매체 등에 상사나 회사의 부정 행위에 대한 정보를 흘리는 등).

이러한 방법이나 수단 중에서 내부 고발이나 대중 매체 등에 정보를 흘리는 수단을 선택하는 사람이 날로 증가하고 있다. 사원의 내부 고발로 회사의 비리가 폭로되는 사례가 빈번하게 발생하고 있다. 물론 내부 고발이라는 형식을 취하는 것보다 분명히 'NO'라고 말해야 할 때 'NO'라고 말하는 것이 훨씬 바람직하고 건전하다.

그런데 우리나라에서는 상사에 대한 불만이 불건전한 형태로 처리되는 경우가 많은 듯하다. 이는 건전한 형태로 대응하는 방법에 익숙하지 않은 탓인지도 모른다. 그래서 결과적으로 자신을 곤경에 빠뜨리는 사람이 많은 듯하다. 안타깝게도 우리나라에서는 내부 고발에 대한 인식이 불명확해서 내부 고발을 배신이란 단어와 동일시하는 경향이 있다. 내부 고발은 배신이 아닌 조직을 더 발전시키기 위한 고육책인 것이다.

이런 사람이 상담을 받기 위해 찾아오는 경우가 많다. 불만에 대한 건전한 대응 방법을 알지 못하고 마이너스적인 감정을 마음속에 쌓아간다.

개중에는 정신적, 육체적인 병으로 발전하는 사람도 있다. 그야말로 몸이 거부를 하는 것이다. 우울증에 걸리는 사람도 있다. 업무상 과실을 저지르거나 사고를 내는 사람도 있다. 가장 흔한 경우는 의욕을 상실하는 경우이다.

상사로부터 자신의 일에 부당한 평가를 받았다면 용기를 내어 'NO' 라고 말하는 것이 좋다. 자신을 위해서도, 상사를 위해서도, 물론 인생의 승자가 되기 위해서도.

상사에게 'NO' 라고 말해야 할 때에 'NO' 라고 하지 않으면 외부에서 'NO' 라고 말하고 싶어진다. 그것은 자신의 몸과 회사를 망치는 것이 될 수 있다. 또한 자기 마음속에 'NO' 라고 담아두면 자신의 몸이나 마음을 병들게 하는 것이 된다.

성공을 부르는 인간관계 법칙 53

사장에게 'NO' 라고 말할 수 있는 용기

일본 어느 대기업 이야기를 하나 소개할까 한다.

부장이 작성한 목표 평가 면접에 의해 1년간 업무 평가를 받은 과장 하마다 히로시 씨. 그런데 평가가 아무리 생각해도 공정하지 않고 납득할 수가 없어 부장과 직접 만나 대화를 했다. 하지만 아무런 개선이 없었다. 그래서 하마다 씨는 사장에게 이메일을 보내 직접 상황을 설명했다.

메일을 받은 사장이 그 부장에게 어떤 대응을 했는지는 밝혀지지 않았으나 사장의 지시로 목표 설정 방법과 목표 평가 방법이 개선되었다고 한다. 그로 인해 새로운 컨셉에 의한 면접 기법을 연구하는 연수가 사내에 도입되었으며, 많은 예산을 들여 다년간에 걸친 전체 연수가 실시되었다.

사장에게 직접 호소할 결단을 내리고 실행에 옮긴 하마다 씨나 또 그의 말에 귀를 기울여 회사 전체 연수를 단행한 사장 모두 용기 있는 사람이라고 생각했다.

엉뚱한 발언을 하거나 행동을 하면 곤경에 처해지거나 왕따를 당하기

일쑤다. 아니면 반대로 요행히 영웅이 된다고 해도 조직 생활에서 살아남기란 매우 어렵다. 그런 분위기가 팽배한 우리 사회에서는 옳다고 확신하는 일을 실행에 옮기는 데는 엄청난 용기가 필요하다.

사장의 다섯 가지 타입

우리 사회에는 사장이라는 직함을 가진 사람이 발에 채일 정도로 많다. 그 모든 사람이 사장이 갖추어야 할 능력을 갖고 있다고 할 수는 없다. 다시 말해서 사회에 공헌하고, 직원이나 고객의 이익을 중시하면서 기업을 경영하고 많은 사람을 지휘하는 능력을 갖추지 못한 사장도 부지기수이다.

필자가 직업상의 이유로 만나본 수많은 사장들을 분류하면 크게 다섯 가지로 나눌 수 있다. 아래의 분류는 사장 뿐만 아니라 임원들에게도 적용할 수 있다.

첫째, 권력에 아부하는 타입

위만 쳐다보고 아래를 보지 않는다. 자신의 자리를 지키는 데만 혈안 되어 있다. 이는 고용 사장에게서 많이 볼 수 있다. 사장직이나 지도자로서의 실력이 없다.

둘째, 언행불일치 타입

공언한 것을 실행에 옮기지 않는다. 우리 회사(나)는 절대 부정한 일을 하지 않으며 용납도 하지 않는다고 공언하지만 스스로는 부정을 저지른다. 입사 오리엔테이션 등에서 타인과 같은 발상을 하지 마라. 우리 회사는 독특한 인간을 원한다고 연설하지만 말뿐이고 실행에 옮기지 않는다.

셋째, 예스맨 타입

예스맨을 일관되게 실천하여 사장직에 오른 사람이다. 이런 사장은 직원들에게도 예스맨이 될 것을 요구한다.

넷째, 하상좌우 타입

'위를 보기 전에 아래를 보고 그리고 나서 좌우를 봐라.' 고 가르치고 직접 실행에 옮기는 사람이다. 직원들이 자유롭게 일할 수 있는 분위기와 시스템을 만들기 위해 꾸준히 노력한다. 항상 귀를 열어두어 주위 사람들의 이야기를 경청한다.

다섯째, 불언실행 타입

조회 등에서 일방적인 설교를 하지 않는다. 그 대신 현장 직원과의 대화를 원활하게 하며 직원의 이야기에 귀를 기울여 정보를 흡수한다. 점심 식사도 일주일에 한 번은 꼭 일반 사원 식당에서 먹는다.

성공을 부르는 인간관계 법칙 54

동의하지 않는 기술을 연마하라

우리 사회는 조금씩 변해 오고 있지만 여전히 군사문화적인 찌꺼기가 남아 있는 집단 사회이며, 동의하는 기술을 익히지 않으면 조직 사회에서 견디기 어렵고 살아남기도 힘든 게 현실이다.

살아남기 위한 기술을 다른 말로 동의하는 기술이라고 한다. 이러한 동의하는 기술이 침묵의 기술을 길러왔다. 다시 말해서 'NO' 라고 말해야 할 때, 자신의 의견을 주장하고 상대방을 설득하는 기술을 기르지 못한 것이다.

사소한 일, 아무래도 좋을 일에는 'NO' 라고 말하는 동의하지 않는 의사 표시를 한다. 하지만 크고 중요한 일에는 눈을 감고 입을 다물어 버리는 침묵의 동의만이 가득할 뿐이다.

오늘날 '침묵은 금이다.' 라고 말하는 시대는 지났다. 반대로 침묵은 '금金을 잃는다.' 는 인식이 필요하다.

성공을 부르는 인간관계 법칙 55

상대방의 의견과 합치되는 부분부터 말한다

평소 인간관계를 맺어가다 보면 상대방이 하는 말이나 주장에 동의할 수 없다고 느끼는 경우가 자주 있다. 친구들과의 모임, 직장 회식 등 사람이 모이는 자리, 단순히 수다만 떠는 모임인 경우도 그런 일은 흔히 발생한다. 그럴 때 아무렇지도 않게 반대 의견을 말하는 사람이 있는가 하면 그렇지 못한 사람도 있다.

우리나라 사람들은 대체로 그런 자리에서 반대 의견을 잘 말하지 않는 편이다. 나중에 가서야 사실 그 사람의 의견에는 동의하지 않는다 등으로 입에 올린다. 또는 모임에서 결정한 사항을 실행하지 않거나 불만을 느끼면서도 하는 수 없이 한다든지, 뒤에서 반대 의견을 말하는 등의 일이 일상다반사로 일어나고 있다.

더욱이 많은 사람들과 다른 의견을 개진하고 자신의 의견에 찬성하도록 설득해야 하는 경우는 상당한 용기가 필요하다. 또한 지혜도 필요하다. 회의석상에서 대세의 흐름에 역행하는 의견을 말하거나 새로운 제안을 하게 될 경우는 깊이 생각하고 각오도 새롭게 다져야 한다. 발언에 대한 연구도 세심하게 해야 한다. 그렇지 않으면 모처럼 좋은 의견이나 제안을 해도 받아들여지지 않거나 이단자로 찍혀 곤경에 빠질 우려조차 있다.

 반대되는 의견을 개진할 때에는 일단, 의견이 일치하는 부분부터 시작하는 게 좋다.

 "지금 말씀하신 그 의견에 원칙적으로 동의합니다. 하지만 이렇게 달리 생각해 보면 어떨까 싶습니다……." "말씀하신 부분 중 이런 것은 대단히 합리적이고 지금 시기에 아주 적절한 대처라고 여겨집니다. 하지만 전체적인 맥락에서 봤을 때는……." 이런 식으로 말이다.

성공을 부르는 인간관계 법칙 56

상대방의 프라이드도 고려한다

상사 뿐만 아니라 자신과 이해관계가 얽혀 있는 사람과 대립되는 의견이 있을 때 그런 상황에 대응하는 방법으로는 다음과 같은 상반된 방법이 있다.

첫째, 아무 말도 하지 않는다
그러나 이 방법은 스트레스가 쌓인다. 스트레스 처리 방법에 따라 자신이 받는 영향이 다르다.

둘째, 반대 의견을 말한다
여기에는 상대방을 비난하거나 공격하는 등 감정적으로 대처하는 방법과 감정에 휩쓸리지 않고 논리적으로 반대하는 방법이 있다. 이 두 가지 방법은 결과적으로는 판이한 상황을 가져올 수 있다.

셋째, 상대방의 의견을 인정한다
상대방의 의견 중에서 찬성할 만한 부분이 있다면 그것을 인정한다는 것을 밝히고 그런 다음에 자신의 의견을 말한다. 그리고 근거도 충분히 설명한다.

이들 방법 가운데 세 번째 방법이 상대방에게 받아들여질 가능성이 높고, 자신의 정신 건강을 위해서도 좋다. 우리는 자신의 의견이나 생각에 대해 상대방이 정면으로 반박하면 상처를 받는다. 게다가 반대 의견에 대해 즉각 반발하고 싶어진다. 인간에게는 자존심이라는 것이 있기 때문이다.

7

Family 가정 | 가정에서의 인간관계

가정에서의 기본자세

가정에서 인간관계의 실패는 사업은 물론 모든 일의 실패를 가져온다.
부부와의 관계는 물론 부모 자식간의 관계가 인간관계의 기본이라고 할 수 있다.

성공을 부르는 인간관계 법칙 57

상대방에 대한 요구 수준을 조절하라

악처로 소문나기로는 소크라테스의 부인 크산티페를 꼽아야 할 것이다. 걸핏하면 찬물을 퍼붓고 고함을 질러 소크라테스는 물론 이웃 사람들까지 깜짝깜짝 놀라게 하곤 했다.

돈 한 푼 벌지 않고 밤낮 길거리를 쏘다니며 젊은 사람들과 청담이나 즐기고 있는 것이 부인의 눈에는 도무지 못마땅했을 것이다.

그러나 플라톤의 〈대화〉를 보면 크산티페가 결코 악처만은 아니었던 것 같다. 소크라테스가 독배를 마실 수 있었던 용기, 처자식들을 놔두고 자신의 생각을 실천할 수 있었던 용기는 크산티페에게서 나온 것이 아닐까? 먹고 사는 일에는 관심조차 없었던 소크라테스의 가정을 그나마 꾸려간 것은 부인의 덕이었다.

남의 눈에는 악처처럼 보였을지 모른다. 그러나 소크라테스를 일상사에 얽매이지 않는 인류의 사표로 만든 것은 누구도 아닌 바로 조강지처 크산티페였다고 할 수 있다.

무슨 일에나 이 정도는 되어야 한다는 식으로 일정한 수준을 기대하는 주관적 목표를 심리학에서는 요구 수준이라고 부른다.

일반적으로 자기의 요구 수준에 도달하거나 그것을 넘으면 요구 수준은 상승되고, 이것을 달성하지 못하는 경우 요구 수준은 내려간다.

우리는 지나치게 위만을 쳐다보고 살아가는 것이 아닐까? 자기 자신에 대해서나 가족에 대해서나 도대체 요구 수준이 너무 높은 것이다. 불만은 바로 이런 데서 생겨나는 경우가 많다.

기대가 크면 실망도 큰 법이다. 만약 당사자가 상대방에 대해서 가지고 있는 요구 수준을 낮추어 지나친 기대를 갖지 않게 된다면 불만이나 실망도 그만큼 감소될 것이다. 한 걸음 나아가 상대방의 인생관이나 결혼관에 영향을 끼칠 수 있는 여지도 많아질 것이다.

행복과 불행이란 이렇게 주관적이며 상대적인 것이다.

불행하다고 느끼고 있던 사람이, 자기보다 더 불행한 사람을 보고 자기 위안을 얻게 된 예는 얼마든지 있다.

"결코 당신이 해낸 일을 타인과 비교하지 말라. 비교는 당신 자신하고만 해야 한다."

노만 필의 말이다.

성공을 부르는 인간관계 법칙 58

자기 변혁이야말로 적응의 비결

"그 사람하고는 얘기가 통하지 않아." "내가 벽 보고 얘기하는 게 낫지. 당신이 뭘 이해하겠어." "학생 때는 그러질 않았는데 점점 속물이 되어가는 것 같아." "나를 좀 이해해 줄 수는 없어? 당신 그것밖에 안 되는 사람이야?"

교착 상태에 빠진 부부의 대화는 이처럼 어긋나기 마련이다. 그들은 마치 벽을 마주하고 대화를 하는 암담함을 느끼고 속상해하며 좌절한다.

남자와 여자는 원칙적으로 생각하는 방식이 다르다. 〈화성에서 온 남자, 금성에서 온 여자〉란 책도 있지 않은가? 살고 있는 행성 자체가 다른 것이다. 똑같은 말이라도 남녀는 그것을 받아들이는 신경 계통 자체가 틀리다. 상대에 대한 배려가 필수적이며 남녀의 다름을 이해하지 않는다면 부부 사이는 쉽게 절망 속으로 빠지고 만다.

물 위에 돌을 던지면 파문이 일어난다. 마찬가지로 교착된 부부관계나 정착된 확집을 타개하기 위해서는 우선 자기 쪽에서 먼저 돌을 던져야 한다. 이것은 간단한 심리학적 법칙에 입각한 응용 심리인 동시에 심오한 종교상의 원리이기도 하다.

나에게 있어서는 배우자는 환경이며, 배우자에게 있어서 나 또한 환경이다.

만약에 내가 어떤 동기로 변화했을 경우, 그것은 상대방에 있어서는 환경의 변화를 의미하는 것이므로 당연히 상대방의 행동 변용을 가져온다. 그렇게 되면 그것은 또한 나에게 있어서 환경의 변화가 되므로 내 행동도 당연히 그 영향을 받아서 변용된다. 그리고 이것은 다시 상대방의 행동을 변용시킨다.

이렇게 계속되는 연쇄 반응이 자기의 변혁을 또 가져온다. 이 점이 바로 결혼 생활에 있어서의 적응의 비밀이다.

성공을 부르는 인간관계 법칙 59

불타는 열의를 갖게 한다

　미국 생명보험업계의 경이적인 성공자이며 그 전에는 유명한 야구선수였던 프랑크 베드거의 이야기를 들어보자.
　그가 프로야구 선수가 되고 얼마 후 그는 그의 생애를 통해 가장 충격적인 사태에 직면한다. 팀에서 방출된 것이다. 방출의 이유는 그가 너무 게을렀기 때문이다.
　매니저가 말했다.
　"자네가 이 팀을 떠나 어떤 일을 하건, 열심히 자기 일에 열중하도록 노력하게. 그렇지 않으면 평생 출세는 못할 걸세."
　그는 다른 곳으로 떠나야 했다. 그리고 어렵게 다시 프로야구팀에 들어갔다.
　그는 노력도 하지 않고 재능만을 믿은 자신을 책망했고 반성했다. 성실히 노력하는 것만이, 예전의 열정을 되찾는 것만이 자신이 살 길이었다. 그의 마음에 새로운 힘을 실어준 것은 주변의 격려와 진정성이 담긴 따뜻한 말이었다.

그는 초심으로 돌아가 몸을 사리지 않는 열성적인 플레이를 선보였다. 그에게서 마음이 떠났던 팬들은 환호했고 신문은 앞다투어 그를 격찬했다. 그의 월급은 25달러에서 185달러로 뛰어올랐고 그로부터 2년 후에는 센트루이스 카디널스의 3루수가 되었다. 수입은 무려 30배로 껑충 뛰었다. 그러나 그는 팔 부상으로 야구를 끝내 단념해야 했다. 그리고 생명보험업계에 뛰어들었다. 그는 상대에게 필요한 것을 정확하게 파악했고, 불가능한 상황에서도 계약을 성사시켰다. 그의 마음속에는 다시 야구를 시작할 때와 같은 열정이 있었다. 그는 보험업계에서 최고가 되었다.

어떤 사람을 성공으로 이끌고 싶다면 그에게 단 하나 불타는 열의를 마음속에 심어주면 된다.

"너는 할 수 있다." "자신감을 가져라." "너를 믿는다."

잔소리가 아닌 진정성에서 나오는 따뜻함을 그 사람에게 심어줘라. 남편이든 아내든 진정성을 갖고 대한다면, 시간이 걸릴 수도 있겠지만 그것을 이해하지 못할 사람은 없을 것이다.

성공을 부르는 인간관계 법칙 60

상대방을 인정하라

당신은 혹시 이혼 소송의 소장에 씌어진 이유를 읽어본 적이 있는가.

"의처증이 있는 거 같아요. 친구 만나서 조금 늦게 들어오는 것을 이해하지 못한다니까요."

"그 사람은 내 가족을 너무 무시해요. 내가 동생에게 용돈 주는 것도 못마땅하게 여기는데 이게 말이 됩니까?"

"집안 일을 도울 생각을 안 해요. 요즘 세상에 남자가 시장 갔다오는 게 무슨 창피함이라고……. 부엌에 들어오는 걸 무슨 끔찍한 일인 듯 한다니까요."

거의가 이렇게 사소한 일이 발단이 된다. 그리고 이러한 것들이 집요하게 반복됨으로써 상대방에게,

"당신에게 있어 나란 존재는 아무것도 아니야. 더이상 이렇게는 살 수가 없어." 라고 말하게 되는 것이다.

대폭발을 일으키는 데도 실로 작은 성냥불로 충분하다는 것을 잊어서는

안 된다. 아무리 사소한 언동이라도 그것이 연쇄 반응을 일으키면 원자폭탄이 되는 것이다.

사람들은 자기가 이 세상에서 가장 중요하다고 생각할 뿐만 아니라, 타인이 이것을 인식해주기를 바라고 있다.

참으로 필요한 것은 자기가 중요하다는 것을 타인이 느껴줄 것, 자기의 가치감을 확인시켜 주는 것이다.

우리들이 자신에 대하여 느끼고 있는 감정은 대개 타인도 우리에게 느끼고 있다. 혹은 느끼고 있다고 보이는 감정의 반영인 것이다. 자기가 접하고 있는 모든 사람들로부터 아무런 쓸모없는 무가치한 인간이라고 취급되면서도 자기의 존엄과 가치감을 유지할 수 있는 자는 백만 명 중에 단 한 사람도 없을 것이다.

<u>이른바 사소한 일, 말하기조차 거북한 작은 일이 우리들 인간관계에 있어 실로 얼마만큼 엄청난 결과를 가져오는가를 이해해야 한다.</u>

누구에게 있어서나 세상에서 가장 중요한 것은 자기 자신이라는 사실을 잊지 말라. 행여 다른 사람의 존재를 무시해 버림으로써 그 사람이 모멸감을 느끼도록 해서는 안 된다.

상대방으로 향한 화살이 곧 방향을 바꿔 자신에게 돌아오게 된다.

성공을 부르는 인간관계 법칙 61

행복한 결혼과 불행한 결혼의 차이점

행복하기란 쉽지 않다. 행복은 동네 수퍼에서 500원을 주고 파는 것도 아니고, 30억 원 짜리 로또에 당첨되었다고 찾아오는 것도 아니다.

노력하지 않으면 행복은 찾아오지 않는다. 꾸준한 관심을 보이지 않으면 행복은 어느새 멀리 도망가 버리고 만다. 부부 사이에서도, 가족 관계에서도 최선을 다해 노력하지 않으면 행복은 결코 찾아오지 않는다.

특히 결혼은 더욱 그렇다. 적어도 이십여 년 동안 남남으로 각각 살아온 사람들이 몇 년간의 연애로 혹은 몇 달간의 사랑으로 결혼을 한다. 신혼 때 무엇이든 예뻐 보이지 않겠는가? 무슨 말을 해도 좋고 조금 흉잡힐 짓을 해도 웃음으로 여유로 넘길 수도 있다. 잘 알고 있다시피 결혼은 단기전이 아니다. 육상 종목으로 바꿔 말하면 결혼은 100미터 달리기가 아니라 마라톤이다. 그것도 그냥 마라톤이 아니라 이인삼각 마라톤인 것이다. 그냥 달리기에도 힘든 판에 한쪽 발씩 묶어 놓고 보조를 맞춰 달려야 하는 것이다. 먼저 달리겠다고 발을 바삐 움직이면 넘어지기 딱 좋고 한쪽이 지

쳐도 넘어지게 된다. 손을 꼭 잡고 "하나 둘 하나 둘." 이렇게 구령을 붙이며 보조를 맞춰도 긴 거리를 헤쳐나가는 것은 여간 힘든 일이 아니다.

행복한 결혼과 불행한 결혼의 차이는 이인삼각 마라톤처럼 늦더라도 함께 가느냐, 아니면 제각각 다른 쪽을 쳐다보며 엎어지던 말던 각자 알아서 빨리 가느냐 그 차이이다.

결혼하면서 불행을 바라는 사람이 한 명도 없듯 누구나 행복한 결혼을 꿈꾼다. 행복하고 싶다면 상대방의 눈을 따뜻하게 쳐다보고 손을 잡아 호흡을 맞추고 함께 걸어가는 마음가짐과 실천이 필요하다.

많은 대화를 하라. 거창할 필요없는 사소한 일상적인 대화는 부부간의 정을 오붓하게 만드는 소금과 같은 역할을 할 것이다. 부부란 평생을 같이할 멋진 친구이다. 세상에 살면서 죽을 때까지 내 편 들어줄 사람 만드는 건 쉬운 일이 아니다.

성공을 부르는 인간관계 법칙 62

결혼 생활에 성공하는 방법

개구리들이 모여 사는 마을이 있었다.

그런데 이 개구리들은 자기네의 무질서가 불만스러워 주피터 Jupiter 에게 왕을 하나 보내 달라고 간청했다. 그래서 주피터는 커다란 몽둥이를 그들의 왕이라 하여 연못 속에 던져주었다.

텀벙! 하는 소리와 함께 물방울이 튀기면서 몽둥이가 떨어지자 개구리들은 혼비백산하여 뿔뿔이 흩어졌다. 주위가 조용해지자 개구리들은 천천히 그 무서운 괴물 곁으로 다가갔다. 그러나 이 괴물은 그저 물 위에 떠있을 뿐이다. 개구리들은 눈을 깜빡이며 슬슬 몽둥이 주위로 모여들었다가 이윽고는 그 위에 올라가서 장난을 치며 놀았다.

며칠 지내다 보니 움직이지도 못하는 몽둥이는 두려워할 것이 못 된다고 생각하여 바보로 취급되었다.

개구리들은 움직이지도 않고 얌전하기만 한 왕에 싫증을 느꼈다. 정말로 자기들을 위엄있게 다스려 줄 왕이 필요하다고 다시 주피터에게 탄원

했다. 그러자 주피터는 한 마리의 황새를 왕으로 보내주었다.

그런데 황새는 개구리들을 닥치는 대로 쪼아 먹었기 때문에 살아남은 개구리들은 이러한 공포와 무자비를 주피터에게 다시 호소했다.

그러나 주피터는 이렇게 말하면서 그들을 꾸짖었다.

"이렇게 된 원인은 모두 너희들에게 있다!"

동양에서는 결혼이 한 남자와 한 여자의 만남이라기보다는 한 집안과 한 집안의 만남이라는 인식이 더 강하다. 여자가 결혼을 하는 건 한 남자를 사랑해서이지 그 집안 전체를 사랑하기 때문은 아니다. 남자도 마찬가지이다. 이런저런 집안일에 휘둘리며 기뻐하기도 하고 아파하기도 하며 서로에게 상처를 주기도 한다. "내 부모에게 신경 좀 쓰면 안 돼? 자주 오시는 것도 아닌데 꼭 그런 말을 해야겠어?" "당신 부모만 부모야. 내 부모도 부모야. 똑같이 대해주면 안돼?" 이런 말이 오고가면 부부 사이에 두꺼운 유리벽이 놓여 있음을 깨닫게 될 것이다.

높은 빌딩을 세울수록 튼튼한 기초공사를 하듯 부부 사이에서도 흔들리지 않는 원칙을 세울 필요가 있다. 부부 사이가 주변 문제로 흔들리는 것은 둘만이 세운 원칙이 없기 때문이다. 원칙이 확고할수록 잔바람에 흔들리지 않는 법이다.

원칙이란? 둘만의 약속이다. 지금 읽고 있는 이 책 전체에 그런 원칙이 가득 채워져 있다. 성공적인 인간관계, 그것은 다른 말로 하면 성공적인 부부관계라고 할 수 있다.

성공을 부르는 인간관계 법칙 63

역반응의 법칙을 활용하라

부부 사이가 좋지 않을 때 누구나 머리가 혼란스러워진다. 이런 때는 먼저 그 머리를 정리하라. 혼란한 머릿속에서는 혼란스런 행동밖에 생각할 수가 없기 때문이다.

상대방과 싸우면 싸울수록 사태는 악화될 뿐이다. 그것은 문제를 해결하는 게 아니다. 그것은 상대방을 굴복시키려는 오기에 불과하다.

토론해 보았자 백해무익하다. 하찮은 프라이드보다는 자기의 이익이 훨씬 중요하다는 점을 생각해라.

그러면 구체적으로 어떻게 해야 할 것인가. 역반응의 방법을 쓰는 것이다. 당신과 부인 사이가 좋지 않게 되었을 때, 부인이 불화를 조장하는 태도를 취할 때마다 당신은 그와 반대되는 행동을 취하는 것이다.

그녀가 화를 내면 당신은 싱글벙글 웃어라.

그녀가 헐뜯더라도 당신은 여전히 웃기만 하라.

부인이 화를 내고 자리를 걷어차고 일어서더라도 당신까지 따라 일어서서는 안 된다.

이런 방법은 뚜렷한 효과를 발휘하는 법이다. 아무리 한쪽이 싸움을 걸더라도 상대방이 이에 응해 오지 않으면 도대체 싸움이 될 수가 없기 때문이다.

이렇게 일단 문제와 맞서기를 피하면 그것은 이미 문제가 되지 않는다.

이렇게 되면 당신 부인은 당신이 그녀가 생각했던 것보다 훨씬 좋은 사람이라는 새로운 면을 발견하게 될 것이고, 당신 또는 당신의 부인이 지금까지 생각해왔던 것보다 훨씬 성품이 아름다운 사람이라는 사실을 새삼스럽게 깨닫게 될 것이다.

역반응의 법칙은 결코 실패하지 않는다. 인간관계를 부드럽게 조정하는 완벽한 수단이기 때문이다.

성공을 부르는 인간관계 법칙 64

깊은 애정은 큰 힘으로 작용한다

일본 보험 회사의 사장이 조그마한 도시에서 생명보험 판매사원을 할 때의 일이다.

그 때 그 소도시는 보험에 대한 인식이 일본 전체 도시에서 가장 낮은 곳이었다. 그는 헌 자전거 한 대를 사서 하루 종일 쉬지 않고 돌아다녔지만 계약은 한 건도 체결하지 못했다. 심지어 상점이나 집 대문 앞에 거지와 보험 사원은 출입금지라는 팻말을 써 붙인 곳도 있었다.

그래도 그는 보험에 관심이 있는 사람은 있을 거라고 생각하여 전화번호부에서 그 지역의 교사, 변호사, 회사 사장 등을 파악하여 편지를 보낸 후 방문하여 보험을 판매하려 했으나 결과는 아무런 소득이 없었다.

그후에도 그는 필사적으로 온갖 노력을 다 기울였으나 2개월이 지나도록 한 건의 계약도 성사시키지 못했다.

그렇게 절망적인 상태에서 매일 거리를 헤매다가 그 해도 다 가는 12월 23일경이었다. 그날따라 날씨도 춥고 눈마저 휘날려 을씨년스러운 날이었다.

저녁 늦게 힘없이 축 늘어진 어깨를 하고 집으로 돌아오자 그의 부인은 그를 반갑게 맞이했다.

"여보, 나는 지금까지 사람이 노력하면 안 되는 것이 없다고 생각해 왔어. 그러나 이 직업이 내게 맞지 않아서인지 아무리 노력해도 되지 않으니 이곳을 떠나 다른 곳에 가서 다시 직장을 구해 봐야 하겠소. 그동안 미안하지만 당신이 어떻게 살림을 꾸려가 보구려. 당신에게 미안하오. 하지만 곧 다른 직장을 찾을 수 있을 것이오."

그의 말은 침통했다. 그의 말을 잠자코 듣고 있던 아내가 입을 열었다.

"당신 도망가는 거예요?"

"도망? 도망은 아니고……."

그는 아내의 '도망' 이란 말에 적잖게 놀랐다. 아니라고 말했지만 사실은 여기서 도망가고 싶은 마음뿐이었다. 이곳은 아무리 노력해도 자신을 알아주지 않는 곳이었다.

"반대하지는 않겠어요. 당신이 가는 곳이라면 어디든지 따라가겠어요. 그러나 한 번 더 도전해 보세요. 어쩌면 다른 곳은 여기보다 조금 더 편할 수도 있겠죠. 하지만 당신의 노력이 아무런 결실없이 이렇게 하무하게 끝나 버리는 것이 너무 안타까워서 그래요. 지금 시기가 좋지 않고 운이 없어서일 뿐이에요. 제가 아는 당신은 항상 성실하고 열심히 노력하는 분이니까요. 저는 당신을 믿어요."

아내는 애써 눈물을 참으며 조심스럽게 말했다.

아내의 눈물 젖은 얼굴을 보자 그는 다시 마음을 고쳐먹고 결심했다.

'그래, 해보자. 기어이 한 건 올리겠어. 여기서 포기할 수는 없어.'

그는 아내의 깊은 사랑과 격려에 힘입어 마침내 계약을 성공시킬 수 있었고 결국 보험회사의 사장이 되었다.

Family 가정 | 가정에서의 인간관계

가정에서의 대화의 중요성

부부간의 말다툼은 부부 서로가 대화하는 방식이
좋지 않거나 오해를 하기 때문에 일어나는 경우가 많다.

성 공 을 부 르 는 인 간 관 계 법 칙 6 5

말솜씨가 부부간의 말다툼의 중요 원인이다

가정 문제 전문가들에 의하면, 부부간의 말다툼은 어떤 문제나 일이 잘못되어서 일어나는 것보다는 말솜씨가 좋지 못하여 상대방의 기분을 상하게 함으로써 일어나는 경우가 많다고 한다.

자주 다투는 부부는 상대방의 말이 자기 비위에 거슬리게 되면 말꼬리를 잡아 상대방을 공격하며 언성을 높인다. 그들은 별것도 아닌 단순한 일을 가지고 말다툼을 시작하여 서로 상대방을 비난하면서 화를 낸다. 싸우고 난 후, 많은 부부들은 이같이 별로 싸울 것도 아닌 사소한 일로 다툰 것을 후회하면서도 서로가 이런 습성을 고치지 않기 때문에 다툼은 계속되어진다.

아내가 어떤 문제를 일으켰을 때 남편이 "내 그럴 줄 알았어. 당신이 하는 일이 다 그렇지 뭐……." 같은 식으로 이야기를 한다면 아내의 감정은 몹시 상하게 된다. 이런 경우에는 "열심히 했는데 운이 안 따라주네. 다음에는 잘 될 거야. 기운 내."라고 위로하는 게 보기에도, 듣기에도 좋다. 엎

질러진 밥상 탓해봤자 밥상이 다시 원상태로 돌아오는 것은 아니니까. 속에서 화가 부글부글 끓어오르더라도 참으면서 평화롭게, 배려 있는 마음으로 이야기하는 것이 부부 사이를 행복하게 하는 첩경이다.

다른 예를 들어보자.

남편이 식탁에서 밥을 먹으며 "이 반찬 당신이 한 거야?" 라고 물었다. 남편은 칭찬의 의도를 가지고 한 말인데 말이 조금 퉁명스럽게 나왔다. 다행히 아내가 "응! 맛있어?"라고 말하면 기분 좋은 유쾌한 상황이 되는 것인데 남편의 말을 오해한 아내가 "먹기 싫으면 관둬."라고 대꾸하면 서로 기분만 상할 뿐이다.

칭찬을 할 때는 확실한 어투와 몸짓으로 의사를 분명하게 전하는 게 좋다. 상대의 듣는 입장을 한번 생각해보고 상대방의 기분을 상하지 않게 좋은 말을 선택해서 해야 한다.

부부 사이란 아무것도 아닌 사소한 말 하나로 다툴 수도 있고 행복에 겨워 손뼉을 칠 수도 있으니까 말이다.

성공을 부르는 인간관계 법칙 66

경우에 합당한 말을 한다

부부 사이가 가깝다고 해서 마치 부하에게 하듯이 생각나는 대로 화낸 표정을 짓는다. 상대방에게 모욕적인 말을 한다. 막말을 한다. 이럴 때 듣는 상대방의 기분은 어떠하겠는가?

예를 들면 "그것 해 놓으라고 했는데 여지껏 안 해 놓고 무얼 했어?"라고 말하기보다는 "오늘까지 이거 좀 했으면 했는데……. 무슨 바쁜 일이 있었나 봐."라고 말한다면 아내도 오히려 미안하게 생각할 것이다. "내가 오늘 어떤 일 때문에 미처 하지 못했어요. 미안해요. 지금 곧 할께요." 라고 말할 것이다. 말 한마디가 이런 부드러운 분위기를 만드는 것이다.

남편의 성격이 거칠고 무뚝뚝하다면 아내는 이를 잘 조화시킬 수 있게 하는 기지와 능력을 갖고 있어야 한다. 남편이 화낸 표정으로 퉁명스럽게 나오더라도 아내가 "미안해요."라고 자세를 낮추게 되면 남편은 두어 마디 더 말을 하다가 그만두게 될 것이다. 그러나 아내가 말을 되받아서 "누군 뭐 놀았나요?"라고 반문한다면 이는 말다툼으로 이어지게 된다.

부부 사이의 대화는 줄다리기와 같다. 한쪽이 힘을 주어 당기면 조금 힘을 풀어 못 이기는 척 따라주는 것이 좋다. "어라. 이것 봐라."는 식으로 같이 힘을 주게 되면 서로가 힘들어 질 뿐이다.

<u>경우에 합당한 말은 아로새긴 은쟁반에 금사과니라.</u>

성경 말씀처럼 부부는 상대방의 인격을 존중해서 곱고 예쁜 말을 써야 한다.

성공을 부르는 인간관계 법칙 67

긍정적인 말로 요구한다

상대방에게 어떤 요구를 할 때는 불평하는 식의 부정적인 말은 하지 말고 상대방의 기분을 생각하면서 긍정적인 말로 하는 것이 좋다.

"맨날 혼자만 낚시하러 다녀요? 주말에 집에만 있는 가족 생각은 안 해요?" 또는 "당신은 내 생일에 뭘 해줬는데?"라는 식의 불평을 하면서 어떤 요구를 하게 되면, 상대방은 미안한 마음이 있더라도 오히려 화가 나게 된다. 더군다나 이런 식으로 불평을 계속하게 되면 자신도 모르게 말투가 그렇게 굳어져 고치기가 어렵게 된다.

"여보, 이번에는 다 함께 가는 게 어떻겠어요? 주말에 아빠가 없으니까 아이들도 풀 죽어하는 것 같고 저도 심심해요." 라고 말하면 상대에게 생각의 여지를 주게 되어 긍정적인 답변을 기대할 수 있다.

"당신이 저번 생일 때 사준 넥타이 멋지다고 다들 한마디씩 하던걸……."하고 말한다면 선물을 준 당사자에게는 더할 나위없는 기쁜 칭찬이 될 것이다.

그리고 "어쩌면 한번도 집안일을 도와 줄 생각을 안 해요?."라고 부정적인 말로 이야기하는 것보다는 방긋 웃으면서 "당신은 설거지를 나보다 더 잘하는 것 같아요."라고 말하는 편이 낫다.

사람의 감정은 매우 민감하기 때문에 조금만 자기 비위에 거슬리면 기분 좋지 않은 말이 나오기 쉽다. 상대방의 입장과 아이들 그리고 자신의 위치를 생각하여 좋은 말을 가려서 하려고 노력한다면, 누구나 그렇게 할 수 있으며 좋은 성품과 인격을 갖춘 사람으로 보이게 된다.

성공을 부르는 인간관계 법칙 68

상스러운 말이나 비난하는 말은 않는다

　부부는 서로 상대방의 자존심을 상하게 하는 말은 삼가야 한다. 부부 사이가 좋은 데도 가끔 상대방의 자존심을 건드리기 때문에 충돌이 일어나는 경우가 많다. 예를 들면 친정집이 어려운 처지에 놓여 있어 아내의 마음은 항시 무거운데 남편이 장인이나 장모 또는 처남들에 대해 비난을 한다든지 아내가 시집 식구들에 대해 좋지 않은 이야기를 할 때 상대방은 기분이 매우 좋지 않게 되고 심한 경우에는 분노를 느끼게 된다.

　감정이 상했거나 화가 났을 때는 다른 일까지 들먹이며 상대방을 힐난하기 쉬운데 이러면 사태는 더욱 악화된다. 다툴 때는 다투는 원인에만 초점을 맞춰라. 괜히 엉뚱한 다른 말을 하게 되면 하루면 끝날 싸움이 6박 7일로 갈 수 있다.

　부부 싸움에서 상스러운 욕을 하면서 다투는 경우도 있다.

　어떤 남편은 아내에게 습관적으로 차마 듣지 못할 심한 욕설을 퍼붓는가 하면 아내는 "야~", "이 미친 새끼야~"라고 욕을 하면서 싸우기도 한다. 부부 사이에 상스러운 욕이 오고 간다면 그런 부부관계는 마지못해 사는 상태가 아닐까 하는 생각이 든다.

홈런 친 타자라도 베이스를 밟지 않으면 득점으로 인정이 안 되듯이 부부 사이에도 룰이 있는 법이다. 스포츠에서도 상대에게 욕을 하면 바로 퇴장이다.

아버지와 어머니가 욕을 하면서 싸우는 것을 보고 자란 자녀들은 장성하여 가정을 가질 때 이런 나쁜 행동을 답습할 가능성이 많다. 자녀들이 그렇게 되어도 괜찮은지 깊이 생각해 보아야 한다.

무릇 "더러운 말은 너희 입 밖에도 내지 말고 오직 덕을 세우는 데 소용되는 선한 말을 하여 듣는 자들에게 은혜를 끼치게 하라."는 성경 말씀대로 부모는 좋은 언어 습관으로 아이들에게 훌륭한 교본이 되어야 한다. 화가 머리 끝까지 치솟아 욕이 목구멍에서 튀어 나오려고 할 때 그 욕을 들으며 떨고 있을 아이들을 생각해 보라.

성공을 부르는 인간관계 법칙 69

상대방의 말을 끝까지 들어보고 자기 의견을 말하자

　상대방이 말을 하고 있을 때는 상대방의 말을 다 듣고 난 후, 조용히 자기 의견을 말하는 것이 좋다. 그리고 상대방의 불평이나 자신에 대해 비난을 할 때는 우선 한번 들어보고 자신이 잘못했을 경우에는 잘못을 시인하는 자세가 필요하다.

　성격이 급한 사람은 이야기의 내용이 자신에 관한 일이나 자신이 알고 있는 일에 대한 것 같으면 급하게 끼어들어서 말을 하거나 또는 상대방의 말을 다 듣지도 않고 말을 가로막는다. "무슨 소릴 하는 거야." 또는 "말도 안 돼."라는 식으로 말을 하는 경우가 있다. 이럴 경우 상대방의 기분은 어떨까?

　이야기를 끝까지 다 듣고 난 후 "그래요? 그런데 내 생각은 이런데요." 또는 "이렇게 하는 것이 더 좋지 않을까요?"라고 말한다면 대화가 부드러워져 서로 상의하는 분위기가 될 수 있을 것이다.

성공을 부르는 인간관계 법칙 70

인내심을 가져라

　마음속에 참을 인忍 세 개만 있으면 살인도 피할 뿐더러 영원히 상대방을 자기 편으로 삼고 살아갈 수도 있다. 마음속에 거칠게 화내고 싶은 충동이 일더라도 자제해서 듣기 좋은 말로 이야기하도록 노력해라.
　상대방이 불평을 하면 불평으로 맞서는 것은 좋지 않다. 또한 상대방의 불평을 듣지 않고 그냥 지나쳐 버려서는 안 된다.
　상대방이 불만이 있다면 상대방의 불만을 귀담아 듣고 자신이 해결할 수 있는 것이라면 해결해 주어야 한다. 상대방을 존중해 주는 마음을 평소에 가지고 있고 조금만 성의를 내어 상대방이 원하는 것을 해준다면 오히려 고마운 마음을 갖게 된다.
　또한 상대방이 자기의 잘못을 지적할 때 이에 수긍이 간다면 "다음부터는 그렇게 하지 않을께요."라고 순응하는 자세가 필요하다. 아주 간단하다. 인정하고 다음부터 조심하면 되는 것이다. 근데 남자들은 자존심 때문에 그렇게 하려 하지 않는다. 이 쉬운 말을 왜 안 해서 부부 사이를 안 좋게 하는지 잘 모르겠다.

　불필요하게 변명을 한다든지 "내가 뭘 그리 잘못했다고 그래?" "아 됐어. 시끄러워. 그만해." 라고 응수한다면 상대의 감정은 상하게 되고 대화는 막히게 된다. 영원히 내 편이 되어 나를 감싸주고 지켜주고 다독거려줄 아군이 나를 떠나는 것이다.

　상대방이 오해나 잘못 생각해서 말하더라도 상대방이 이야기하는 데 흥분하지 말며 상대방이 이해할 수 있도록 조용히 이야기하는 것이 좋다. 혹은 일단 수긍하고 며칠 지나서 다시 이야기하는 것도 좋은 방법이다.

성공을 부르는 인간관계 법칙 71

지지 않기 위하여
다툼을 계속해서는 안 된다

부부가 어떤 문제로 다툴 때 그 문제와는 관련이 없는 일을 들추면서 공격을 하게 되면 다른 쪽도 이에 질세라, 다른 일을 꼬투리잡아 공격하게 되는 등 서로가 인신공격으로 나오게 된다. 이렇게 되면 서로의 감정만이 격하게 되고 이성은 쉽게 내팽개치게 되며 막말이 오가는 험악한 싸움으로 번진다. 상대방이 감정이 격해져 공격을 해오더라도 한쪽에서 냉정을 유지하여 상대방의 감정이 가라앉을 때 조용히 문제를 상의하는 것이 현명한 태도이다.

부부 사이는 선생과 학생의 관계가 아니다. 그럼에도 불구하고 벌칙을 정해 놓고 이 벌칙으로 상대방의 행동을 다스리려 하는 사람들이 있다.

예를 들면 "당신은 뭐 했으니까 뭐 하지 마." "오늘 집 비우지 말랬잖아. 친구 모임에 나가지 마." 라고 말한다면 이는 상대를 부하나 자신을 시중드는 종쯤으로 생각하는 것이다.

부부 관계에서는 상대를 어떤 자로 재거나 틀에 맞추려 하는 절대적인 기준을 사용해서는 안 된다.

　사람은 로봇이 아니기 때문에 모든 일에 완벽하게 할 수는 없다. 그리고 어떤 일을 항상 잘할 수만은 없는 것이다. 그러므로 직장 생활에서처럼 절대적 기준으로 따지게 되면 상대는 반발하기 마련이다. 완벽한 것을 바라는 사람과 같이 산다는 것은 고달프고 피곤한 일이다.

　사람은 때로는 실수도 하고 모자라는 부분도 있는데 사람이 감성적이기 때문에 잘못을 용서해 줄 수도 있고 이와 반대로 꾸짖을 수도 있다.

　사람은 약간 허술한 데가 있어야 인간미도 있고 사람들도 잘 따른다. 세상을 너무 자로 재는 듯하게 사는 것은 어떤 면에서 이득을 볼 수 있을지는 모르겠으나 잃는 것이 더 많을 것이다.

　사람은 다 완전하지 못하기 때문에 완전하지 못한 사람이 결합하여 생활하게 되면 이런저런 결점이 나올 수밖에 없다. 그러므로 상대방이 조금 잘못했더라도 한쪽 눈을 감아주는 아량이 필요하다.

성공을 부르는 인간관계 법칙 72

'헤어지자'는 말은 절대 하지 말라

부부가 다툴 때 이혼할 만큼 중요한 문제로 다투는 것도 아닌데 "이혼하자"라고 말하는 것은 좋지 않다. 절대로 해서는 안 될 말이다. 이는 상대의 자존심을 긁게 해서 "그러면 내가 못 할줄 알아."라고 말하도록 유도하는 것이나 같다.

이는 아이들의 정서 생활에도 좋지 않을 뿐만 아니라 아이들이 장성해서 부부 생활을 하면서 싸울 때 헤어지자는 말이 자연스럽게 나올 수 있게 하는 태도를 가르쳐 주는 셈이 된다. 그들은 자라오면서 부모의 행동으로 인해 정서에도 악영향을 받게 된다. '우리 엄마, 아빠는 언제 헤어질지도 몰라. 헤어지면 나는 누구랑 같이 살아야 하지?' 당신의 자녀가 이런 생각을 갖고 있다고 생각해 보라. 아이들의 마음에 꿈과 희망을 주는 게 아니라 불안과 두려움을 심어주는 부모가 되어서는 안 된다.

성공을 부르는 인간관계 법칙 73

돈 문제는 서로 상의한다

돈 문제 때문에 많이 다투게 된다. 부부가 돈 때문에 다투는 것을 보면 남편이 술을 마시는 데에 돈을 많이 쓴다든지 또는 총각 때의 버릇을 버리지 못하고 아무에게나 돈을 빌려주기 때문에 일어나기도 한다. 아내 몰래 보증을 서는 문제는 소규모 전투로 끝날 문제가 아니라 세계대전이다.

남편은 열심히 버는데 아내가 돈을 헤프게 쓰기 때문에 일어나기도 하며 또는 남편의 수입은 뻔한데 아이들 학비, 생활비 그 외 지출이 많아 아내가 이를 감당할 수가 없어 남편에게 불평을 함으로써 다툼이 일어나기도 한다.

가정에 돈이 많으면 많은 대로 적으면 적은 대로 문제가 일어나는데 돈 문제는 부부가 상의해서 해결 방안을 모색하는 게 좋다. 물론 가급적 많아서 문제가 일어났으면 하는 게 필자의 작은 바람이다.

남편만 돈을 번다고 해서 돈 문제를 남편에게만 의존하는 것은 좋지 않다. 돈 문제는 한쪽이 짊어진다고 해결될 문제가 아니다. 서로 머리를 맞대고 고심해야 할 공동의 숙제이다. 그리고 돈 문제를 혼자서 끙끙 앓아가며 짊어지는 것도 좋지 않다. 그렇다고 누가 알아주는 것도 아니다. 부부란 이인삼각 마라톤이라고 말하지 않았던가.

'지나침은 모자람과 같다.' 라는 공자의 말씀처럼 돈에 대한 지나친 집착을 버려야 한다. 돈에 대해 너무 집착하게 되면 이에 따른 부작용이 따르게 된다. 돈은 가정 생활을 유지하는 수많은 것 중에서 하나일 뿐이다.

흔히 하는 말로, 누구는 돈 있는 사람들이 지어낸 이야기일 뿐이라고 콧방귀를 뀌기도 하지만,

<u>돈은 행복의 보증수표가 아니다.</u>

이 말은 진리다.

성공을 부르는 인간관계 법칙 74

상대의 마음을 상하게 했다면 진심으로 사과하라

부부 중 한 사람이 상대의 마음을 아프게 하는 경우가 많이 있는데 대부분은 남편 쪽이 아내의 마음을 많이 상하게 한다.

우리나라는 아직도 남존여비의 좋지 않은 사고방식이 남아 있어서 아내를 함부로 대하는 경향이 많다. 옛날에는 남편이 첩을 몇씩 두고 살아도 괜찮다는 식으로 아내를 무시하면서 살았지만, 지금은 상황이 매우 달라졌다. 남편이 아내에게 모욕을 주며 거칠게 말을 한다든지 아내 외의 다른 여성에게 눈을 돌리는 등의 행동을 아내가 참아줄 것이라고 기대하는 남편은 더이상 없다. 남편은 일생의 반려자인 아내를 존중해주고 아껴주어야 한다.

옛날에 우리 어머니들은 배우지 못했고 철저한 유교적 가풍에서 살아왔기 때문에 자신의 위치와 권리가 무엇인지조차 모르고 살아왔다. 하지만 오늘날에는 아내의 위치와 권리가 사회적으로 어느 정도 정립이 되어 있는 만큼 이 수준에 미치지 못하면 불평과 불만이 생기게 된다.

남편이 아내에게 심하게 대하면 아내는 남편에게서 애정을 느낄 수 없을 뿐만 아니라 증오심마저 생기게 된다. 그러므로 남편이 아내에게 어쩌다 못할 일을 저질렀을 때에는 가능한 한 빨리 사과를 하고 아픈 마음을 달래 주어야 한다. 물론 가장 좋은 방법은 그런 짓을 아예 저지르지 않는 것이다.

　우리나라 남자들은 속마음은 아내에게 미안하고 안쓰럽게 생각을 하면서도 미안하고 잘못했다는 사과의 말은 잘 하지 않는다. 그것은 우리나라 남자들이 다정하게 말하는 법을, 사과하는 법을 배우지 못했기 때문이다. 불쌍한 사람들이다.

　잘못했다면 "잘못했어." 하고 말해라. 아마 그러면 어느 정도 아내의 아픈 마음은 풀릴 것이다. 물론 잘못의 강도에 따라 다르기는 하겠지만 말이다. "나는 죽으면 죽었지 잘못했다는 말은 못하겠다."고 말하는 남편들도 있다. 안타깝지만 그러면 죽는 방법밖에는 없다. 아니면 혼자 살던가.

　남편이 진정 아내를 사랑한다면 최소한 "미안하오."란 말은 해야 하는 것이다.

성공을 부르는 인간관계 법칙 75

한 사람만의 노력으로도 다툼은 피할 수 있다

부부가 어떤 일로 다투거나 다투려 할 때, 상대는 공격하지 않고 요령 있게 다툼을 피하면서 어떤 화해를 할 방안을 내놓으면 상대도 이에 응할 가능성이 많다.

화해하고 싶은데 자존심 때문에 화해 제의를 못하고 있지만, 아내가 기지를 발휘하여 화해의 제스처를 보내면 남편은 못 이기는 체하고 따라오게 된다.

'여우하고는 살아도 곰하고는 못 산다.'란 말이 있듯이 아내가 아양도 떨며 애교도 부리는 재주가 있으면 부부 사이가 더 좋을 수 있다.

세상이 많이 변했으니 남자라고 애교나 아양을 못 떨 이유도 없다. 남들 앞에서 하는 것도 아니고 단둘이만 있는데 조금 민망하면 어떤가? 오늘 작심하고 한 번 해 봐라. 되게 좋아한다.

성공을 부르는 인간관계 법칙 76

기분 좋을 때를 택한다

상사에게 어떤 난감한 상황을 보고해야 한다. 어떤 때가 가장 좋겠는가?

① 상사가 사장에게 깨져서 기분이 몹시 안 좋을 때.
② 상사가 사장에게 귀염받아서 기분이 몹시 좋을 때.

부부가 어떤 일을 상의하거나, 어떤 것을 요구코자 할 경우에는 타이밍을 잘 택하는 것이 좋다.

심리학자 월터 오코넬에 의하면 퇴근 직후가 부부간에 제일 다투기 쉬운 시간이라고 한다. 그 시간대는 남편(아내)이 그날의 일로 인하여 피곤해 있고, 때에 따라서는 그날 있었던 별로 좋지 않은 일의 감정이 아직 가시지 않은 상태일 수도 있다. 배도 고프고 퇴근길에 차에 시달려 신경이 날카롭게 되어 있을 수도 있기 때문이다. 퇴근한 직후에는 어떤 요구나 집안에서 일어났던 별로 유쾌하지 않은 일, 의논해야 할 일 등, 서로의 신경을 건드리는 말은 꺼내지 않는 것이 좋다. 그런 말은 저녁식사를 하고 어느 정도 긴장이 풀리고 기분이 좋아질 때 이야기하는 것이 좋을 것이다.

  생각하고 말 것도 없이 이것은 상식 중에 상식이다. 어려운 말을 할 때 분위기를 맞추는 것은 유치원생들도 다 알고 있다. 화난 아빠보고 장난감 사달라고 조르는 유치원생은 한 명도 없다. 근데 유치원생들도 잘 알고 있는 얘기를 왜 하느냐? 이것도 안 지키는 부부가 있기 때문이다. 사시사철 살을 맞대고 살아서인지 몰라도 가끔 보면 이런 상식도 잊고 살아서 부부싸움을 하는 부부를 보게 될 때가 있기 때문이다.

  상식을 지키자. 그러면 싸울 것도 덜 싸우게 되고 7박 8일에서 수습될 싸움도 3박 4일에서 마무리된다.

성공을 부르는 인간관계 법칙 77

대화를 잘하는 부부는 다툼이 적다

항시 소곤소곤 이야기를 잘하고 잘 웃으면서 지내는 부부들은 다투는 일이 적다는 것이 여러 연구 결과에서 나와 있다.

부부가 서로 이야기를 잘하면서 지낸다는 것은 친밀도가 높다는 뜻이다. 남편이 어떤 이야기를 할 때 아내가 "그렇지요"라고 맞장구를 치고 아내가 말할 때는 남편이 빙그레 웃는다면, 그 부부 사이에는 다툼이 별로 일어나지 않으며 즐거운 일이 많을 것이다.

부부가 저녁식사 후 과일이나 차를 들면서 일상생활에서 일어났던 일이나 관심 있는 분야의 이야기를 재미있게 주고받는 분위기라면 평안함이 넘치는 행복한 부부 관계라 말할 수 있을 것이다.

상대방의 장점을 찾아내어 칭찬하는 분위기를 만드는 것도 좋다.

사람은 다른 사람이 자신을 인정해 주거나 칭찬을 해줄 때 가장 기분이 좋고 자기 성취의 만족감과 기쁨을 갖게 된다. 대인관계에서도 상대방을 인정해주고 칭찬해줄 때 그 사이가 더 가까워지는 것과 같다. 부부 사이에서도 상대방이 잘한 일을 칭찬해주고 상대방이 자기를 기쁘게 해준 일에 대해 감사함을 표시해줄 때 애정이 더욱 깊어지게 된다.

아내는 항시 남편이 사랑한다는 말을 하고 칭찬하는 것을 기대하고 있다. 남편은 좀팽이처럼 아내가 잘못하는 것만 따지지 말고 조그마한 일이라도 아내가 잘한 일에 대해 칭찬을 하라. 물론 아내도 마찬가지이다.

돈은 많이 버는데 항상 인상 쓰고 막말하고 배려 없고 무시하는 남편과 사는 것보다 돈은 적게 벌어도 이해심 있고 자상하고 사려감 있는 남편이 훨씬 좋은 것이다.

성공을 부르는 인간관계 법칙 78

자신의 마음을 들여다보자

　자신의 성격 때문에 평소 배우자와 잘 다투는 편인가? 그렇다면 조용하고 아늑한 곳에 누워서 눈을 감고 배우자와 행복했던 추억을 떠올려 보자. 그리고 자주 싸우는 자신의 행동을 반성해 보자.

　다툼으로써 생기는 결과는 허탈함과 침울한 분위기와 예민한 신경, 불쑥불쑥 솟구치는 짜증, 엉망인 집안 분위기, 아이들의 풀죽은 모습, 싱크대 안에 잔뜩 쌓인 설겆이 등일 것이다.

　싸울 때는 다 이유가 있다. 어떤 사람은 까닭없이 화가 치솟아 싸운다고 하지만 까닭없는 싸움은 없다. 자신이 그 까닭에 대해 생각하고 싶지 않을 뿐이다. 왜 싸웠는지 싸우기 전에 자신의 심리는 어떠했는지, 누가 먼저 싸움을 증폭시켰는지 곰곰이 자신의 마음을 분석해 보자.

　그리고 이왕 싸우려면 요령껏 잘 싸우자. 서로에게 아픈 상처를 남기는 언행은 피하고 되도록 싸움이 장기화되지 않도록 주의하자. 물론 가장 좋은 방법은 두말할 필요도 없이 싸우지 않는 것이다.

마음속으로 좋은 면을 상상하자. 그리고 다투었을 때의 나쁜 결과를 연결하여 생각하자. 그러면 자신의 잠재의식은 좋은 쪽으로 호응하게 된다. 자신이 행복했던 과거의 일들을 여러 번 그리고 오랫동안 생각하게 되면 잠재의식의 호응도가 커진다고 전문가들은 말하고 있다. 우리는 우리 주변에 좋은 일이 많으면 꿈도 좋은 꿈을 꾸게 되지만 근심, 걱정을 하고 계속 나쁜 여건에 있게 되면 악몽을 꾸게 되는 것과 마찬가지 이치인 것이다.
　나쁜 성격을 멀리 하고 나쁜 행동을 하지 않으려면 자신의 생각과 행동을 뒤돌아보면서 좋은 생각을 많이 하고 좋은 행동을 하려고 노력해야 할 것이다. 이러한 태도를 가지려고 노력을 계속할 때 선하게 행동할 수 있는 잠재의식을 갖게 되는 것이다.

Perfection 완성 | 성공적인 인간관계를 위한 마무리

이끌리는 사람이 되자

우리들이 타인에게 이끌리는 것은 그들에게 결점이 없기 때문이 아니라
자석처럼 사람의 마음을 끄는 장점이 있기 때문이다.

성공을 부르는 인간관계 법칙 79

원숙미가 몸에 배게 하라

해리 홉킨스는 제2차 세계대전 중 루스벨트 미국 대통령이 가장 신임했던 참모 중 한 사람이었다.

홉킨스는 몸이 아주 안 좋았다. 그는 잘 걸을 수도 없었을 뿐더러 하루에 서너 시간 정도 일하면 몸이 탈진할 정도로 체력도 허약했다.

그렇기 때문에 그는 중요한 일 이외는 모든 일을 다른 사람에게 맡겨야만 했다. 그러나 그는 일처리에 있어서는 조금도 소홀함이 없도록 최선을 다했다.

처칠은 '문제의 핵심을 파악하는 대가.' '그를 보면 원숙미라는 게 무엇인지 느낄 수 있다.'고 했다. 그는 전시중인 워싱턴에서 누구보다도 뛰어난 업적을 이루었다. 그는 성실했으며 자신에게 주어진 짧은 시간을 최대한 효율적으로 활용한 것이다.

우리들은 노력만 한다면 홉킨스처럼 우리에게 주어진 시간을 컨트롤할 수 있다. 그리고 뛰어난 업적을 쌓을 수 있다.

직장에 들어가서 5, 6년 정도 지나면 감정적으로나 행동적으로나 조직에 적응한 성숙미를 풍기게 된다.

자기 규제도 궤도에 오르기 시작하고 대인 관계에서도 어느 정도 능력이 붙어 부드럽고 매끈하게 일을 처리할 수 있게 된다. 즉 성숙미가 조금씩 몸에 배게 되는 것이다. 그러나 자신을 한 단계 더 업그레이드하기를 바란다면 성숙미를 원숙미로 바꿔야만 한다.

원숙하지 못한 것, 즉 미숙이 어떤 것인가를 살펴보면 원숙미로 한 단계 도약할 수 있는 방법을 찾을 수 있을 것이다.

- 무책임하며 불성실하고 잔꾀를 부린다. 자기 중심적인 사고방식에서 벗어나지 못하고 있다.
- 충동적인 언동을 하거나 도락에 빠지거나 의뢰심이 강하다.
- 남을 용서하지 못하는 고집, 시기심의 발로, 강한 자만심의 표시, 일에 대해서나 상사에 대해서나 너무 심한 비판을 일삼는 태도, 열등감에 휘말려 있는 모습을 보인다.
- 의욕이 없고 경험을 살리지 못한다.
- 사소한 일에도 참지 못하고 곧장 불평을 늘어놓는다. 동료가 자기보다 먼저 승진하면 질투심 때문에 괴로워한다.

이러한 사람은 자기의 언동 때문에 점점 인간관계에서 소외당하는 존재가 되어 버린다.

이에 반해 원숙한 인간은 언동에 무리가 없고 자기의 직무를 조직의 전

진이라는 관점에서 밀고 나간다.

 이러한 원숙미는 간부의 필수 조건이다. 특히 불확실성이 지배하는 시대에서 조직은 전혀 예견치 못한 문제와 조우하게 되기 때문에 원숙미 있는 간부의 배치는 불가결한 것이다.

 남의 괴로움을 자기의 괴로움으로 받아들이는 인간적 포용력이 있고 긴 안목으로 손득을 헤아리는 생각의 깊이가 있고 매사를 모나지 않게 처리해 가는 스케일이 있어야 한다.

성공을 부르는 인간관계 법칙 80

눈앞의 이익에 집착하지 말라

백수의 왕 사자가 초원에서 먹이를 찾아 헤매던 중 한가로이 거닐고 있는 얼룩말을 발견하고 곧장 뒤를 쫓았다.

한참 맹렬히 얼룩말을 쫓고 있는데 사슴 한 마리가 눈앞을 가로질러 가는 것이 아닌가. 사자는 얼룩말을 버려두고 사슴을 쫓기 시작했다.

잠시 후 이번에는 산양이 눈에 띄었다. 사자는 또다시 방향을 바꾸어 새 먹이를 쫓았다. 그리하여 다음, 다음으로…….

이 변덕쟁이는 산양을 그다음에는 새끼양을 분주하게 쫓아다녔다. 몇 시간이 지났음에도 사자는 아직도 토끼 뒤를 쫓고 있는 참이었다.

토끼는 이 피로에 지친 그리고 약간 바보스런 백수의 왕에게서 쉽고 간단하게 도망칠 수가 있었다.

살다 보면 나무만 보고 숲을 보지 않는 사고방식에 온통 마음이 점령당해서 생각지도 않던 깊은 산속으로 들어가 길을 헤매는 경우가 있다.

상당한 이득을 보았다고 생각했지만 정작 결산해 보면 손해인 경우도 적지 않다.

"사슴을 쫓는 자는 토끼를 돌아보지 말라."

이 교훈은 이러한 단편적 사고의 어리석음을 경계한 말이다.

이러한 사람들은 자기의 의지만을 관철시키려고 동료나 거래처에 손해를 끼치거나 멋대로 행동해서 자기가 소속한 조직에 커다란 마이너스를 가져오기도 한다.

따라서 훌륭한 재능과 지식을 가지고 있으면서도 눈앞의 이익과 정보에 눈이 어두워 보다 큰 이익을 잃고, 자기의 장래를 그르쳐 버리는 안타까운 결말을 맞게 되는 것이다.

눈앞의 이익에 집착하는 사람은 어떤 것이 자기의 이익에 도움이 되지 않는다 싶으면 서슴없이 가던 길을 돌아서 버린다. 따라서 이러한 사람은 인간관계에도 밸런스를 잃고 만다.

반면 조금이라도 이익이 된다 싶으면 힘 있는 사람에 붙어 아첨하다가도 쓸모없어지면 곧장 되돌아서서 험담을 일삼는다.

이러한 인상을 다른 사람에게 주는 자는 남의 위에 설 자격이 없다. 현재와 같은 합리적 이기주의가 충만된 사회에 있어서는 누구나가,

"저 사람에게 이용만 당하지 않을까?"

"내가 결국 손해 볼 것 같은데……." 라는 생각이 앞서기 때문이다.

단기적인 것과 장기적인 것을 정확히 구분하고 이를 조절해 갈 줄 알아야 한다. 단기적인 것에 집착하면 스케일이 작아지고 장기적으로만 생각하면 비현실적이 되기 쉬운 법이다.

성공을 부르는 인간관계 법칙 81

단순한 합리주의자가 되지 말라

영국에서 가장 뛰어난 풍경화가로 손꼽히고 있는 존 컨스터블 John Constable 1776~1837 도 처음에는 전혀 인정을 받지 못했었다. 그가 아카데미의 정회원이 된 것은 프랑스에서 그의 작품들이 높이 평가된 다음부터였다. 만년에 그는 장난기가 생겨 익명으로 아카데미에 작품을 출품했다. 대부분의 심사위원들의 의견은 낙선이었다. 그러자 심사위원 자리에 앉아 있던 컨스터블이 말했다.

"이것은 제 그림입니다. 역시 제 생각대로 여러분은 알아내지 못하리라고 생각하고 있었습니다만……."

그림을 평가한다는 것은 쉬운 일이 아니다. 마찬가지로 어떤 사태의 판단이나 인간에 대한 평가도 결코 간단하지 않다.

평상시에는 문제점이 많았던 사람이 어쩌다가 굉장한 힘을 발휘하는 경우가 있는가 하면 어제까지 그 방법으로 잘 처리되어 왔던 일이 오늘에는 꽉 막혀 버리는 경우도 있다.

그런데도 특히 샐러리맨이라고 하는 정기권을 가진 사람 중에는 단순한 합리주의자가 많다.

지식이 있고 합리적·효율적으로 문제를 처리하는 것을 일상의 모토로 삼고 있는데다 아침이면 정해진 시간에 똑같은 교통편으로, 똑같이 서두르는 모습으로 출근하고 있기 때문에 인생관 또한 획일적인 것이 되어 버리기 쉽다. 때문에 어떠한 일이든 어떤 한 가지의 틀 속에 넣어 처리하는 것이 가장 합리적인 처리 방식이라고 생각한다.

사물을 생각하는 방식, 처리의 방법에는 여러 가지가 있고 그 복잡성에 대응하여 그때마다 보다 좋은 처리 방식, 생각하는 방법을 선택해 간다고 하는 다면적 합리성을 잃고 있는 것이다.

즉 사업을 하는 사람들처럼 매일 다른 현상에 다른 방식으로 대응해 가지 않으면 안 된다고 하는 복잡성에 약한 것이다.

따라서 다면적 합리성을 이해하지 못하고, 어느 한 가지 면만을 보고 '이 방법이 좋다' 든지 '이 방법은 안 된다' 고 단정해 버린다.

그리하여 무슨 일이나 자기가 갖고 있는 한 가지의 가치 기준에 맞추어 생각하거나 처리해 버리려고 한다. 그러나 현대는 불확실성의 시대이다. 어제까지 들어맞았던 가치 기준이 오늘은 맞지 않는 경우가 있으며, 또한 가치 기준 그 자체를 변화시키지 않고서는 대응해 갈 수 없는 사건들이 일어나고 있다.

이러한 시대에 오직 한 가지의 가치 기준에 의존한다는 것은 불안한 일이 아닐 수 없다. 또한 한 가지의 가치 기준만을 휘두르고 있어서는 좋은 찬스를 얻을 수 없다.

이제부터 무릇 사람 위에 서는 자, 즉 의사 결정을 해야 할 사람이라면 한 가지의 가치 기준에 의존하는 단순한 합리주의자여서는 안 된다.

격심한 변화의 시대에 다양하게 변화되는 사태를 효율적으로 처리하기에는 그러한 획일적 사고방식을 가진 사람으로서는 너무나 벅찬 일이 될 것이다.

성공을 부르는 인간관계 법칙 82

선인, 악인으로 단정하지 말라

어떤 계기로 '저 사람은 좋은 사람이다.' 라고 생각하면 그 사람이 하는 행동, 하는 말이 모두 좋게 생각된다.

이와 반대로 저 사람은 나쁜 사람이라고 생각하면 그 사람이 하는 것은 모두가 나쁘다고 생각하려는 성벽이 인간에게는 있다.

그러나 아무리 좋은 사람이라 하더라도 신과 같은 선인일 수는 없다. 또한 아무리 나쁜 사람이라도 악마처럼 철저하게 나쁜 짓만을 할 수도 없는 것이다.

인간에게는 정도의 차이는 있을망정 누구에게나 지킬 박사와 하이드가 공존한다. 신과 악마가 한 둥지 안에서 더불어 숨쉬고 있는 것이다.

우리가 좋은 사람이라고 생각했던 사람도 가끔 나쁜 짓을 하며 또 나쁜 사람이라고 보았던 사람도 가끔 나름대로 좋은 일을 하기도 한다.

따라서 저 사람은 좋은 사람, 이 사람은 나쁜 사람이라고 단정해 버린 다음 획일적으로 판단해서는 안 된다. 그러한 선입관은 가끔 걷잡을 수 없는 인간관계의 실수를 가져오는 경우가 많다.

당신은 익조益鳥와 해조害鳥를 어떻게 분류하는지 알고 있는가?

인간에게 이익을 주는 새라 해서 익조라 부르고 또 어떤 새는 인간에게 해를 끼친다고 해서 해조라 한다.

그러나 아무리 익조라도 어느 정도의 해는 인간에게 끼치게 마련이며 또 아무리 대표적인 해조라 하더라도 조금은 인간에게 도움을 주는 것이다. 그리고 시대와 상황, 장소에 따라 똑같은 새라도 익조가 되기도 하고 해조가 되기도 하는 것이다. 인간 또한 마찬가지이다.

인간을 깊이 사귀어 보고 잘 관찰해 보면 특별한 선인이나 악인이란 없다.

좋은 친구라고 생각되던 사람도 질투에 휘말려 남을 훼방하는 경우가 있고 이기심이나 시기심 때문에 은혜를 원수로 갚는 경우도 있다.

특히 회사 내의 친구라는 것은 어떤 때는 서로 흉금을 털어놓고 같이 기뻐하고 같이 괴로워하는 마음의 의지가 되다가도 갑자기 어떤 사정으로 해서 라이벌이 되면 상대방을 걷어차 떨쳐 버리려고 한다. 똑같은 사람인데도 때와 장소에 따라서 그렇게 변하는 것이다.

좋은 상사라고 생각했던 사람이 자기 이익을 위해 부하를 버리는 경우도 있다. 그리고 나쁜 사람이라고 생각했던 상사가 부하의 딱한 사정을 알고 전력을 다해 도와주는 눈물겨운 장면도 본다.

인간이란 때에 따라 변화하고 또 상대에 따라서도 변화할 수 있는 것이다. 결코 획일적으로 악인, 선인으로 양분해서 단정해 버리지 말라. 그러한 단정은 편견과 아집의 구렁텅이로 스스로를 몰아넣을 뿐이다.

성공을 부르는 인간관계 법칙 83

인사는 인간관계를
부드럽게 하는 윤활유

옛날, 네덜란드 드랜자란 마을에 한 농부가 살고 있었다. 그는 선천적 기형으로 등이 굽었고 어릴적 끔찍한 화상을 당해 얼굴은 차마 쳐다볼 수 없을 정도로 흉칙했다. 이웃 사람들은 그와 마주치는 것을 꺼려했고 아이들도 그를 피해 다녔다.

그런 그에게 유일한 이웃이 있었는데 홀어머니와 함께 사는 쥬리라는 소녀였다. 그녀는 그를 다른 이웃과 똑같이 대했다. 아침에 얼굴을 마주치면 먼저 인사를 했고 이런저런 시시콜콜한 이야기를 나눴다. 맛있는 음식은 나눠 먹었고 집안의 크고 작은 일에도 서로 도움을 주고 받았다.

농부는 자기를 다른 평범한 사람들처럼 대해준 소녀에게 감사했다. 다른 사람들이 자신의 흉칙한 외모 때문에 피하거나 아니면 동정심으로 불쌍하게만 쳐다보았을 때, 이 소녀만이 자신을 평범한 사람으로, 이웃으로 대해준 것이었다.

농부는 죽을 때 40만 달러라는 거액의 유산을 이 소녀에게 남겼다.

서양 영화를 보면 그들은 낯선 사람과 외딴길에서 마주치더라도 '하이!' 하면서 손을 흔들어 인사한다. 그러나 우리나라 사람들은 엘리베이터에 단둘이 타게 되어도 각각 반대 방향을 보고 있다. 목례조차 하는 법이 없다. 어색한 시간을 메꾸기 위해 쓸데없이 휴대전화를 만지작거리거나 이 엘리베이터는 왜 이렇게 늦게 올라가나 하며 조바심을 낸다. 아파트 생활을 하면서 이웃집에 누가 사는지도 잘 모르는 경우도 많다.

이 얼마나 삭막한 풍경인가. 인사야말로 인간관계를 부드럽게 하는 윤활유다. 인사란 상대방에게 안부를 묻는 것과 동시에 자신의 친밀도를 나타내는 첫번째 단계인 것이다.

분명히 인사를 하지 않더라도 살아갈 수는 있다. 말을 걸어도 귀머거리 모양으로 모른 체하는 사람도 많다. 하지만 인사가 얼마나 사람과 사람 사이를 따스하게 하는지 우리는 알아야 한다.

어느 세미나의 리허설에서 근엄과 위엄을 과시하려는 듯 딱딱하게 이야기하는 젊은 강사에게 백발의 물리학자가 만면에 웃음을 띄우면서 이렇게 말했다.

"자네도 많은 사람들과 친해지고 싶겠지?"

"물론이죠. 근데 왜 그런 질문을 하시죠?"

"그렇다면 자네가 강의할 때 좀더 부드럽고 친절하고 따뜻하게 사람들을 대할 필요가 있을 듯해. 많은 청중 가운데서 누구든 한 사람에게 시선을 던지고 잠깐 미소지어 보이면 좋겠어. 그리고 또 다른 사람에게 그렇게 해 보아도 좋아. 마치 친한 벗에게 이야기하는 식으로 말이야.

자네가 먼저 친밀감을 드러내는 태도를 보인다면 청중의 심리 상태도

변할 거야. 자네의 행동에 따라 청중은 스스로 친밀한 태도를 보일 것이고, 그렇다면 자네의 강의는 성공할 걸세."

그렇다. 친밀감이란 전파되는 것이다.

먼저 인사하는 습관을 들이자. 상대방의 지위가 높건 낮건 나이가 많건 적건 관계없이 말이다. 손아랫사람이 먼저 인사를 해야 한다는 생각은 버려라. 당신이 먼저 건넨 인사가 당신을 부드럽고 따뜻한 사람으로 보이게 할 것이다.

성공을 부르는 인간관계 법칙 84

애정 어린 목소리로 상대방을 부른다

누구나 이름을 가지고 있다. 그리고 그 이름에는 그 사람의 철학과 사상과 인간적인 품격이 농축되어 있다.

사람은 타인과 다른 존재라는 사실을 분명히 하는 자기 이름을 중요하게 생각한다. 따라서 이름이 불려지면 유쾌함을 느끼고, 자기 이름을 불러주는 사람에 대해 친근감을 갖게 된다.

교도소에 들어가 이름 아닌 번호로 불리어지면 자신의 처지에 자괴감을 느끼게 될 것이고, 만약 국민 모두를 이름 아닌 번호로 부르게 된다면 굉장한 반감을 사게 될 것임에 틀림없다.

인간관계에 능한 사람은 이러한 인간 심리를 정확히 파악하고 있다. 아침 인사도 "안녕하세요?" 하고 끝내 버리는 것이 아니라 "아무개 씨, 안녕하세요?" 하고 이름을 넣는다.

친구 사이에도 오랜만에 만나 가족의 안부를 묻는 자리에서 그저 "아이들은 잘 자라고?" 하는 것보다 그 아이들의 이름을 기억하고 있다가,

"아무개와 아무개는 잘 자라지요?" 라고 묻는다면 그 자상한 마음씀에 가슴 뭉클한 친근감을 느끼게 될 것이다.

이름을 불러주는 이 방법은 사람과 사람 사이의 친밀도를 짧은 시간에 급상승시켜주는 아주 좋은 방법이다. 방법도 아주 간단하다. 인사말 앞에 이름만 넣으면 되는 것이다. 즉, "좋은 하루 보내." 라고 말하는 대신에 "아무개 씨 좋은 하루 보내."이렇게 말하면 되는 것이다.

어떤 공장장은 매일 부하 직원의 이름 부르는 횟수를 어림잡아 기억하고 있다가 만약 어떤 사람에 대해 조금 소홀했다고 생각하면 그만큼 그 사람의 이름을 더 불러 부족한 횟수를 보충해 준다는 것이다.

누구나가 자기 이름을 중요하게 생각한다는 사실을 알고, 그 이름을 친절하게 불러준다는 마음가짐을 잊지 말아야 할 것이다.

중소기업의 경영자나 대기업의 부장급이 되어 직속 부하만 백 명이 넘게 되면 일일이 이름을 기억한다는 노력을 포기해 버리기 쉽다.

그러나 이러한 경우에도 베테랑은 이를 극복하고 "자네!" "이봐." 하고 부르는 대신 "아무개 씨!" 라고 이름으로 부를 수 있도록 하는 노력을 게을리하지 않는다.

그래서 길거리에서 마주치더라도 그 이름을 부르고 가족의 안부를 묻는 것을 잊지 않게 되는 것이다.

평사원의 입장에서 본다면 계장, 과장을 거쳐 그보다 한 단계 위에 있는 부장이 자기를 알아주었다는 사실에 얼마나 기뻐할 것인가.

그런 상사는 모든 부하들로부터 존경과 사랑을 받게 되고 직장의 분위기는 아주 밝고 생산적이 될 것이다.

어느 회사의 상무의 아내는 사원들의 평판이 대단히 좋다. 그것은 단 한 번이라도 자기 집을 방문한 적이 있는 사원의 얼굴과 이름을 결코 잊지 않기 때문이다.

상무가 "당신의 기억력은 알아줘야겠어!" 하니까 부인은 이렇게 대답하더라는 것이다.

"집을 찾아와 주는 사람들은 모두 당신에게 귀중한 사람들이라 생각하고 열심히 외웠기 때문이에요."

성공을 부르는 인간관계 법칙 85

강요에 못 이겨 이룬 성취는 반드시 무너진다

사람은 위협을 받으면 그 공포 때문에 어떤 명령에 따른다. 예를 들어 필자가 아는 어떤 학생은 공부를 하지 않으면 부모로부터 미움을 받을지도 모른다는 두려움 때문에 공부를 한다고 했다. 공부가 싫은지 좋은지와 상관없이 그냥 공부를 잘하는 사람이 되고 싶은 것이다. 딱 잘라 말하자면 부모에게 미움 받을까 두려워 열심히 공부를 하는 것이다.

하지만 그렇게 공부한 아이는 우수한 성적을 올려도 자신감과 자부심을 가질 수 없다. 공부를 잘할 수는 있어도 좋아할 수는 없는 것이다.

사랑과 신뢰를 지닌 사람은 다른 사람을 이끌려고 하지 않지만, 만약 그렇게 해야 한다면 기쁨으로 사람을 움직인다. 무엇을 하기만 하면 기쁨을 얻을 수 있을 거라고 조언한다. 절대로 강요는 하지 않는다. 하든 안 하든 그것은 어디까지나 본인의 의사에 따라야 하며, 그런 의사 결정의 자유는 인간의 존엄성에 바탕을 두고 있다는 것을 아는 것이다.

누군가가 해준 유익한 충고에 따라 행동한 결과 커다란 기쁨을 손에 넣었다면, 자신에게 충고해 준 그 사람에게 감사하고 싶은 마음이 절로 우러난다. 그리고 그 기쁨을 타인에게도 알게 해주고 싶은 마음이 피어난다. 자신도 남에게 사랑이 담긴 충고를 하거나 기쁨을 갖도록 돕고 싶어진다. 행복의 동그라미가 커지는 것이다.

하지만 어린 시절 위협과 공포 때문에 뭔가를 해온 사람은 그런 상태를 무척 싫어했으면서도 똑같이 사람들에게 무엇을 하도록 강요한다. 그리고 어느 날 문득 정신을 차리고 보면 다른 사람에게 두려움과 불안을 주어 자신의 뜻대로 조정하려고 하는 자신을 발견한다.

사람은 좋은 것이든 나쁜 것이든 자신이 받은 대로 돌려주게 되어 있다.

성공을 부르는 인간관계 법칙 86

조건없이 친절하라

이 세상에는 수많은 조건 없는 사랑이 충만해 있다. 그리고 우리는 수많은 조건 없는 사랑에 힘입어 살아가고 있다. 만약 그렇게 생각하지 않는다면 당신의 마음이 분노로 가득 차 있다는 증거다.

누군가를 진심으로 사랑한 사람은 세상에 존재하는 헤아릴 수 없이 많은 조건 없는 사랑을 느낄 수 있다. 그리고 진심으로 사랑한 사람은 자신이 살아갈 수 있도록 해주는 의욕과 에너지의 근원이 어린 시절 여러 사람에게서 받은 무조건적인 사랑에 바탕을 두고 있음을 분명하게 알고 있다. 그렇기 때문에 사랑이 무엇인지를 아는 사람은 모든 것에 감사할 줄 아는 사람이 된다. 그 감사의 마음이야말로 사람과 사람이 조화를 이루는 힘이다. 그런 사람이 많이 존재하는 사회일수록 살기 좋은 사회가 된다.

혹시 사랑이 버겁다고 느낀 적은 없는가?

사랑이 부담스러운 것은 상대방이 보답을 기대하고 있음을 은연중에 느끼기 때문이다. 어떤 친절의 이면에는 그 대신 무엇을 해야 한다는 의무가

꼬리표처럼 달려 있다. 하지만 그것은 사랑에서 나오는 친절이 아니라 계약이다.

사랑이란, 원래 받은 사람에게 되돌려주는 것이 아니라 자신보다 어린 사람, 약한 사람에게 듬뿍 쏟아 붓는 것이다. 세상은 그렇게 해서 과거에서 미래로 사랑을 전해 간다. 사랑을 전달하는 것이 바로 현재를 살아가는 우리의 책임이고 역할이다. 하지만 최근에는 분노를 전하는 사람이 많아져서 걱정스럽다. 책임을 다하지 않고 있으니 자신이 무엇을 위해 살고 있는지를 알 도리가 없다.

사람은 사랑하기 위해 살아 간다. 다른 사람을 진심으로 사랑하면 그것을 알 수 있다. 회사에서 일하기 위해 살고 있는 것이 아니다. 좋은 대학에 들어가기 위해 살고 있는 것이 아니다. 이 세상에서 해야 할 자신의 소임을 깨달은 사람이 마지막에 웃는 사람이 된다.

성공을 부르는 인간관계 법칙 87

답변에는 사이를 두라

외교관은 언제나 'YES'와 'NO'에 게을러야 한다는 말이 있다.
오랫동안 영국의 외무차관을 지낸 R. 벤시터트와 같은 사람은 현명하되 게으른 사람을 최고의 외교관으로 평가했다.
그러나 이렇게 신중한 태도는 비단 외교관에게만 적용되는 문제가 아닌 것 같다.
"대답은 바로, 확실하게!"
이것이 종래 우리나라 사람들이 교육받아온 예의범절이었다. 따라서 그래야만 제대로 된 사람이라는 평가를 받아왔다. 군사문화의 영향이 컸기 때문이다.
그러나 세상일이 검정과 하양으로 그렇게 선명히 구별되는 경우가 얼마나 있을까. 거의 모든 안건이 어느 정도의 검정과 어느 정도의 하양을 함께 지니고 있는 것이 요즘 현실이다.
따라서 검정과 하양으로 바로 단정하려는 태도는 너무나 직선적인 사고

방식이다. 이 때문에 외국과의 거래에서도 상당히 많은 손해를 보아 왔다.

"저 사람은 곧바로 대답하지 않아. 대답하기까지는 꽤 시간이 걸려."

"저 사람은 정확하게 답변해 줄까?" 하는 평판은 그 사람이 무엇인가 확실한 것을 가지고 있지 않거나 결단력이 없는 사람이라는 인상을 주어왔다. 그것은 사람은 'YES' 와 'NO' 가 분명해야 한다는 교육을 어려서부터 받아왔기 때문이다.

그러나 이러한 처리 방식은 어쩐지 손해 보는, 후회하게 되는 경우가 많다. 답변하기 전에 먼저 철저히 생각해야 한다. 잘 알 수 없는 일, 미지수가 많은 경우에는 적당한 핑계를 대서라도 답변을 연기하는 편이 현명하다.

대개 서구 사람들은 답변하기 전에 반드시 디플로매시 Diplomacy 라는 것을 둔다. 목적과 언동을 직선적으로 연결시키지 않고, 그 사이에 반드시 디플로매시를 두도록 훈련받고 있는 것이다.

"아무개 씨와 잘 상의해 보겠습니다."

"저로서는 무어라고 답변하기 어렵습니다."

"당신의 견해에 저로서는 이의가 없습니다만, 윗분들과 상의한 다음 답변해 드리겠습니다."

이렇게 말하는 것들은 모두가 일종의 다플로매시인 것이다.

특히 간부이거나 책임자일 경우에는 의사 결정에 쫓기는 경우가 많아진다. 이런 경우에 서둘러서 'YES' 와 'NO' 를 분명히 한다는 것은 아직 책임자로서 미숙하다는 평가를 면할 수 없다.

원숙미란 분명한 답변을 하지 않은 채 일단 보류해 놓은 다음 행여 실수가 없도록 다시 한 번 검토하고, 그러면서도 상대방의 감정을 건드리지 않게 답변하는 방법을 터득한 경우에 느끼게 되는 것이다.

 요즈음 'YES'도 아니고 'NO'도 아닌 답변이 자주 사용되고 있으며, 더욱이 그러한 답변은 'NO'보다는 호의적이라는 반응을 얻고 있다. 이러한 답변 태도도 연구해 볼 만하다.

성공을 부르는 인간관계 법칙 88

감상이 아닌 의견을 말하라

현대인의 최대 약점은 논리에 매우 약하다는 것이다. 그 이유는 의견과 감상을 혼동하고 있기 때문이다. 요즘은 조금 덜하지만 텔레비전이나 라디오와 같은 매체의 토론 프로그램은 차마 눈을 뜨고 볼 수 없을 뿐 아니라 듣기 괴로울 지경이다. 그저 서로 소리만 지를 뿐 토론이 되지 않는다. 토론이 되지 않는 첫 번째 이유는 의견을 제시하는 이가 없기 때문이다. 감상을 의견으로 착각한 토론 참석자들은 자신의 감상을 감정에 실어 큰 소리로 주고받을 뿐이다.

이것은 매스컴의 토론 프로그램에 해당하는 이야기가 아니다. 학교에서든 회사에서든 마찬가지다. 이렇게 된 데에는 학교에서 의견을 제시하는 능력을 키우는 교육이 착실하게 이루어지지 않았다는 데 일차적인 원인이 있다. 학교 교육의 중대한 실수다. 의견과 감상을 구분하지 못하는 사람이 대다수여서 이런 상황이 잘못된 것인지조차 모른다.

지식이 있다고 모든 사물을 정확하게 판단할 수 있는 건 아니다. 지식을 갖춘 사람이 진정한 지혜와 사물에 대한 명확한 이해력을 갖고 있다고 맹신해서는 안 된다. 그것은 환상이다. 지식과 지혜는 아무 관계가 없다.

의견이란 사실로부터 논리를 전개하고 결론을 이끌어내는 것을 말한다. 그리고 감상이란 한 사람 한 사람의 개인적인 감정이다. 따라서 감상을 설명하는 것은 누구나 할 수 있는 일이지만 의견을 펴는 데는 상당한 노력이 요구된다.

자신의 의견을 설명하려면 다음과 같은 순서를 밟아야 한다.

우선 자신이 주장하고 싶은 가설을 세운다. 그리고 그 가설의 정확성을 뒷받침해 줄 사실들을 수집한다. 그리고 나서 모아들인 사실들에서 정말로 필요한 것을 취사선택하고 나열하여 모든 사람이 납득할 수 있는 논리를 형성해 간다. 이것이 과학적 방법론이다.

모든 사람이 이해할 수 있어야 과학이다. 초등학교 6학년 어린이가 이해할 수 없는 것은 과학이 아니다.

도무지 이해하지 못할 말을 하는 사람이 있다면, 그것은 그 사람이 제대로 이해하지 못하고 있거나 거짓말을 하고 있거나 논리가 엉망인 경우 중 하나이다.

성공을 부르는 인간관계 법칙 89

인간은 격려받아야 능력을 발휘한다

한 조련사는 경주마가 경마에서 우승하는 요인으로 말의 훈련 효과 80%, 말의 유전자 자질 20%를 꼽았다. 이 수치는 중요하다. 인간에게도 그대로 적용되기 때문이다.

우수한 말을 키워내기 위해 우수한 말끼리 교배하는 것은 상식이지만, 경마에서 우승을 거두는 말이 전부 뛰어난 어미와 수말 밑에서 태어났느냐 하면 꼭 그렇지는 않다. 인간을 포함하는 포유류나 조류, 파충류 등의 동물이 유성 생식을 하는 목적은 유전자를 재조합하여 부모와 다른 새끼를 만드는 데에 있다. 부모와 자식이 닮았다는 것은 환상이라고 잘라 말해도 과언이 아닐 정도다. 사실 부모와 자식은 다른 부분이 훨씬 많다.

천재 작곡가 중에 요한 슈트라우스 부자를 제외하면 부모와 자식이 모두 작곡가가 된 예는 거의 없다. 노벨상 수상자들 가운데서도 부모와 자식이 같은 분야에서 상을 받은 경우는 없다.

천재적 능력을 발휘하는 데 필요한 유전자는 유성 생식을 하는 과정에서 흩어져 부모와 다른 능력을 발휘하는 유전자와 조합된다. 더욱이 훈련하고 노력하지 않으면 아무리 훌륭한 자질을 갖고 있다 한들 능력을 발휘할 수 없다. 에디슨이 말한 "1%의 영감과 99%의 땀"이야말로 잘 들어맞는 말인 것이다.

천재적 자질을 갖고 태어나는 행운을 가졌으면서 자기 비하나 자기 혐오를 하느라 그것을 펼쳐 보지 못한 채 일생을 마치는 사람이 많다. 본인의 노력과 훈련이 필요한 것은 물론이지만, 능력을 발휘하기 위해서는 주위의 격려와 응원이 대단히 소중하다.

<u>인간은 격려를 받아야 능력을 발휘하기 때문이다.</u>

성공을 부르는 인간관계 법칙 90

자네는 내일부터라도 팀장의 일을 할 수 있겠나?

중국에서 있었던 일이다.

어느 날, 북경호텔의 객실 담당 팀장이 전화로 종업원을 불렀다. 그런데 몇 번씩이나 불러도 오지 않았다. 팀장은 그에게 무슨 문제가 있나 싶어 그가 일하는 곳으로 갔다.

"왜 몇 번씩 불러도 오지 않는 거야. 바쁘다는 말 몰라?" 하고 야단을 쳤다. 그러자 그 종업원은 대꾸했다.

"용무가 있는 것은 당신입니다. 그러니 나를 부르지 말고 이쪽으로 와서 말하면 될 게 아닙니까. 내가 용무가 있으면 물론 그쪽으로 갑니다. 인간은 평등한 것이니까요."

이 이야기가 그 호텔의 최고경영자의 귀에까지 들어갔다. 그는 곧 두 사람을 불렀다. 최고경영자는 팀장을 보자 이렇게 물었다.

"자네는 내일부터라도 여기 있는 종업원이 하는 일을 할 수 있겠나?"

"물론 할 수 있습니다. 저도 밑에서부터 일을 배워 왔으니까요."

"그렇겠군. 그러면 자네에게 묻겠는데……."

종업원을 향해 질문을 했다.

"자네는 내일부터라도 팀장이 하고 있는 일을 해낼 수 있겠나?"

"그것은 어렵겠습니다."

"왠가?"

"저는 간부 생활을 해본 적이 없기 때문입니다."

"그런가. 그렇다면 답은 뻔한 것이 아닌가? 자네의 팀장은 언제든지 자네가 하고 있는 일을 할 수 있다고 한다. 그런데 자네는 그가 할 수 있는 일을 할 수 없다고 한다. 모든 인간이 평등하다는 자네의 말은 맞네. 하지만 일에는 우선순위라는 게 있고 그 우선순위를 가장 잘 아는 사람은, 자네 부서에서는 팀장일세. 팀장은 그 부서의 모든 일에 신경 쓰고 책임을 져야 하는 것일세."

이렇게 타이르고, 혹시 이런 점을 잘못 생각하는 사람이 없도록 그 이유를 모든 종업원에게 알렸다.

자기에게 불리하다 싶으면 경우야 어떻든, 상대방을 향해 자기 주장만을 되풀이하는 타입의 인간이 있다. 또한 사정이 좋을 때는 잘난 체 떠들다가 정작 중요한 때는 살짝 피해 버리는 얌체도 있다.

그러나 평소에는 자기가 맡은 일이 보잘 것 없는 것이라 하더라도 그저 묵묵히 일하다가 어떤 중대한 일이 발생했을 때 물불을 가리지 않고 뛰어들어 어려운 문제를 처리해내고 마는 타입의 인간도 있다.

항상 멍청해 있는 인간이어서는 곤란하다.

이치에 닿든 닿지 않든 자기 주장만을 되풀이하는 인간 또한 사회의 인정을 받을 수가 없다.

어려울 때면 살짝 꽁무니를 빼 버리는 사람도 바람직한 인간형이라 할 수 없다.

떳떳하고 사리 분명한 인간이 되는 것이야말로 모든 인간관계의 기본조건인 것이다.